THE WORLD THROUGH
HARVARD BUSINESS
SCHOOL EYES

世界頂尖商學院的學習經驗

哈佛商學院教我的成功關鍵（增修版）

鍾子偉 Joey Chung——著

目次

〈推薦序〉

Joey，你一起工作最久的同事兼partner想跟你講的話

楊士範（Mario Yang）

（按：作為Joey最早的商周專欄編輯、譯者，一起工作時間最久同事和現任合夥人，我想我應該有資格用所謂的「鍾子偉」體來寫這篇推薦文章的開頭。）

那是一個週三晚上，大約八點鐘，我們一同離開公司，準備要一起去吃晚餐和喝一杯。當時我們已經一起工作剛滿四年，就我的了解，我應該是Joey職業生涯中一起共事最長的同事，沒有之一。那天晚上有點特別，因為工作忙碌、我們公司越來越大，加上他在今年結婚之故，我們已經很久沒有在公司和公事之外好好放鬆聚一下了，所以我們特地約了那天晚上，要去找一個地方吃晚餐順便喝一杯聊聊天。

在走往電梯的路上，他用一種很隨性提起的語氣說：「喔，你晚一點應該會收到信，我那本八年前談哈佛商學院經驗的書要再版了，你可能會需要幫我寫一個推薦文章之類的。」

再一次，身為他的合夥人和最長時間的同事以及編輯，我連片刻猶豫都沒有就答應了。

隔了幾天，我收到再版的書稿，花了幾個晚上看完，心中有非常多的感觸，以致於當我準備寫這篇文章時，有種克制不住的笑意。

從他完成那本書稿到現在已經過了八年，而從這本書中的內容，到我這幾年跟他一起工作的過程和經驗，我幾乎可以確定他的內心核心價值幾乎是沒有變過。他依然講話很快，依然很精明，依然渴望改變社會，依然是那個在哈佛商學院如此競爭環境下培養出來的頂尖ＭＢＡ。

但同時，我也看到他變了。

他變得傾聽更多、他變得知道要讓更多人能夠跟上、他變得更加理解家庭對他的意義。他變慢了。

當然，這並不是說他真的在工作或執行事情上面變慢了，而是他真的理解到很多事情是他無法掌控，只能等；他知道每個人都不一樣，他只能接受。八年前他從哈佛商學院畢業時，他在書上所寫的收穫和反思，現在都一一用他或許沒有期待的樣貌呈現在他眼前。

閱讀這本書是個很有趣的體驗。

他今年結婚時，我是其中一位伴郎。除了我之外其他還有四位，其中一位是他回台灣之後認識的好朋友，另外三位都是他在哈佛商學院的好同學，我在這本書中一一看到他們的名字，也感受到他們在高壓的磨練環境下，打造出來的真誠友誼。

我在很多不同的場景和他所撰寫的不同文章中，聽過很多他在哈佛商學院的故事和經歷，而這本對我來說遲來的書，則是在已經知道後來結果之後，以重播的方式去重新看當時所發生的故事，而我會看到很多人沒有注意到的細節。最後我有一種好像看完一部電影之後，在看DVD附錄的導演解說情節的感覺。

最早他在商業周刊網站開專欄時，我們幫他取的名字是〈哈佛人談行銷〉，但沒多久之後，我們就發現這個名字有點不太合用。因為他談的事情早就遠遠超過行銷，甚至很多時候跟行銷幾乎沒有關連，而是跟他後來的人生經歷和反思有關。於是我們將專欄名稱改成了〈哈佛之後的人生〉，也因此，當我看到書中寫到他畢業前後，開始思考「哈佛之後的人生會怎麼樣？」時，我真的笑了出來，想立刻打電話跟他說，我們是不是後見之明幫你取了一個很棒的專欄名字？

Joey在書末段提到，「我們經常討論，要是五年後，我們再次相聚，或者就坐在我們的父母曾驕傲的和他們的朋友及同事談到我們即將到來的哈佛畢業典禮的那張桌子旁，而我們從未真正達到隨著無限夢想而來的期待時，該怎麼辦？」

有趣的是，他畢業的五年後，我們正好一起剛剛開始創立了「The News Lens關鍵評論網」。

我們剛開始創立關鍵評論網大概一年多後，有一天晚上在一個酒吧外面，他問我說，我到底是怎樣看待他。當時我們兩個都已經有點醉意，我把我臉上本來掛著的微笑隱去，認真地對他說，我很榮幸有你當我的partner。

而一眨眼，又過了近三年。我不知道他覺得他是否達成了他的夢想，他的父母又是否認為達成了他們對他的期待，但我想對他說：過去關鍵評論網成立的這四年真的是一個很有趣的旅程，而我真的非常榮幸，有你當我的partner。

時間回到那個週三晚上，我們從八點鐘一路吃飯喝酒到了快十二點，我們結了帳，離開了酒吧，他陪我慢慢走向捷運站準備回家。我在捷運站裡跟他說：

「雖然現在我們有很多沒想過的困難和問題，但我們會沒事的，相信自己，相信我們找進來的同事，我們一定可以做到沒人認為我們可以做到的事情。」

他點了點頭，同意了我的話，然後我們彼此給了對方一個大大的擁抱。

我進了捷運站，在等捷運的時候，忍不住拿出手機傳了個訊給他：

BTW，我有一種預感我會出現在本週專欄。

他回：

哈哈，不，或許是在十年後的回憶錄中吧。

那，希望到時候你還會找我寫序。

（本文作者為The News Lens關鍵評論網共同創辦人暨產品及內容總監）

〈推薦序〉

給孩子充分的自由選擇後的驚喜回報

鍾景光&尹明明

「哈佛大學」是全世界男、女、老、少夢想中的最高學府，天天在哈佛大學的校園內，都有來自不同國家不同膚色的旅遊團，在導遊的帶領下，好奇的探索哈佛校園的神祕面紗；商學院MBA的校園跨過查爾斯河，在單獨的一個角落，那更是一處令全世界年輕人嚮往、又覺得高不可攀的神聖殿堂。

台灣時間二〇〇七年一月十八日的半夜一點整，Joey在我們的驚喜中，確定申請上了哈佛大學MBA，倆老的心情確實盪漾了很多天，我家兒子居然能夠擊敗其他九千多名，來自世界各國最頂尖聰明的競爭者，進入這所著名的校園讀書，在台大的網路上，有學弟封Joey是最「牛」的學長。

從小到大學畢業，我們都沒有特別覺得Joey有這麼「牛」，我們對他的教育態度，一直是讓他朝自己的興趣專長發展，從來沒有替他鋪好路，要他照著我們的期望走，成長過程中給他完全的自由，選擇自己的興趣走自己的路，因此在一次與他的對話中，他回答說：「因為您們給我充分的自由選擇，我回饋給您們的是今日的成績表現。」

別誤會，他的成績在求學過程中一點都不突出，但是他知道自己的優點與缺點，該往哪方面發展，哈佛ＭＢＡ不是單純錄取功課全Ａ的學生，而是要有能力、又有潛力的學生，在進入美國自由學風一流的哈佛校園中，經過兩年ＭＢＡ的教育訓練之後，他的胸襟更寬廣，視野更開闊，思考更細密，分析能力更高超。

誠如本書中描述的哈佛大學ＭＢＡ生活，從新生訓練的第一天開始到畢業，這兩年學生生活的點點滴滴、酸甜苦辣，在書中有細緻又感性的陳述，Joey以二十四歲的年齡，和一群世界上最聰明又年輕（平均二十七～三十歲）的同學，一起拚功課而沒有被淘汰，是我們做父母最引以為傲的。

畢業了，卻碰到了世紀金融大風暴，在世界各國赫赫有名的金融機構一家接一家的倒閉聲中，幸得哈佛ＭＢＡ學長Ray的賞識，邀請Joey加入了Sanrio的團隊中工作，我們常常提醒他，在公司裡他是最年輕最沒有經驗的新人，一定要時時刻刻抱著謙虛學習的態度和同事相處，在往後的生涯中，更是要靠他自己的能力、毅力及潛力，開創未來的人生。

我們要感謝Joey在哈佛認識的一群好朋友，還有學長、校友甚至於任課的教授們，給Joey實質上及精神上的支持與鼓勵，還有Joey的舅舅及舅媽往返機場、哈佛ＭＢＡ校園及宿舍的溫馨接送情，當然更要感謝商周出版給Joey這次的機會，能夠將兩年的哈佛ＭＢＡ經驗與社會大眾分享，希望讀者看完全書後，期許自己勉勵自己。

願以「Joey能，我也能」與大家共勉之。

（本文作者為中國醫藥大學教務長暨生命科學系教授鍾景光與尹明明，兩位是本書作者的父母）

〈增修版 前言〉

一封入學許可信能改寫你的人生嗎？

我萬萬沒想到有朝一日會跟這本書再續前緣，畢竟我從哈佛商學院畢業、寫出這本書已經整整八年了。編輯打電話告訴我，出版社有意針對新一波學生、有意申請企管研究所的人和年輕專業人士重新發行這本書，我非常意外。我真心認為我生命中那個章節已經結束，走入歷史。當年我寫這本書的時候，才二十五歲上下，剛在舊金山展開出社會後的第一份工作。如今，走過許多都市、累積更多職場經驗之後，我突然發現自己已經年過三十，不知怎地又繞回了台北。

時光匆匆，幾年的光陰轉眼飛逝。出版社告訴我，時間夠久了，是時候更新書本內容，跟新一代的年輕讀者分享經驗。

八年前這本書出版以後，我再也沒有拿起來細讀、回溯書中的一切。書裡描述的是我二十三歲到二十六歲的人生，故事結束時我在舊金山買了一部車，幾天後就要開始我職業生涯的第一份工作。當我跟編輯並肩而坐，重新檢視部分內容，討論哪些章節需要修訂、刪除或增補，感覺彷彿回到過去，再次經歷那段生命。

那時的我或許曾經納悶：我的未來會是什麼模樣；接下來幾年內我會在哪些地方留下足跡。

八年後的今天，我可以回答自己二十六歲時的提問。

我會在舊金山停留一年，而後奉派到洛杉磯一年，擔任Internal Consultant。一年後我再度調職，這回是去上海掌管在中國的分公司。那時我就得賣掉車子和全部家具，揮別我的加州朋友，在上海另起爐灶。到那時我會發現，由於求學和工作的需要，短短四年內我已經住過七個城市，心情苦樂參半。

我會在上海停留兩年，三十歲那年辭掉工作，帶著幾年的經驗與歲月的洗禮，跟幾個新夥伴合作創立自己的媒體公司。我想知道，自己有沒有能力打出一片江山。

於是，睽違台北六年後，我再度回到這裡。在某個夏日早晨，跟兩名夥伴一起待在空蕩蕩的辦公室裡，安裝電腦、布置辦公室。我們投入了手頭的資金，重新回到起跑點，開啟公司的第一頁。

這八年來發生的一切，跟我剛踏出校門時想像的一樣嗎？

不。我經歷太多事，接觸太多人，有起有落，有歡笑有悲傷，都是當年的我無法想像或期待的。

但生命還是繼續往前走，不是嗎？

我知不知道我和夥伴們八年後會在哪裡？我剛創立的公司會不會成功？這些努力是不是值得？我們的未來會不會更加美好？

我不知道。生命原本就是一場冒險，新公司也是，對吧？

可是，我在哈佛商學院那段日子，到如今還深深影響著我。當時的課業壓力、教授的嚴格要求，乃至整體求學經驗，總是讓我精神緊繃。相較之下，日後我在職場面臨的各種考驗，顯得輕鬆許多。如今我充分體會到，我在哈佛的那兩年，在我人生中留下了多麼深刻的印象：Gina的白色Volvo、我宿舍房間電子鎖的喀嚓聲、夜晚走過史班勒館。每當夜深人靜，感到當前商業挑戰異常艱鉅、整個世界面臨崩解，那些畫面、那些成長過程總會浮現眼前。

巧合的是，過去三個月內我因為出席創投會議或新創公司交換活動的關係，有機會重遊紐約與舊金山，這兩個我離開超過六年城市。

我利用僅有的一天閒暇，探訪過去的辦公室、工作地點、公寓和周末購物的商場，也走過以前經常開車往返的公路。我也跟幾個老朋友見了面，在舊金山開車時碰巧路過我買車的那家車行。我甚至跟Evan共進午餐，距離我們在Polo最後一次見面已經整整八年半了。我們在紐約地鐵道別的時候，我特別感謝他多年前給我實習機會，幫助年輕時的我踏出事業的第一步。我們互相擁抱，我承諾會把這種精神傳遞下去。

表面上看來，紐約和舊金山改變不大，In-N-Out漢堡店跟過去沒兩樣；我住過的公寓也維持舊觀；就連我離開舊金山前一星期樓下才開張的那家餐館也還在。

可是我不一樣了。歲數多了些，經驗豐富了些，少了點青澀與天真。這回我只是蜻蜓點水的遊客，一面拍照，一面懷想過去的人生。我幾乎覺得我從沒離開過，沒有辭職、沒有搬家、車子也沒賣，只是在找地方停車。

我們會在生命中某時某地做出重大決定，這些決定塑造了此時此刻的我們。如果你有機會重訪那些地點，那會是生命中難能可貴的寧靜時刻。

從七、八年前的那些時刻到現在，我有什麼改變？又學到了什麼？

我來回答自己多年前的這個問題：**一封入學許可信真的能大幅改寫你的人生嗎？**

答案是**肯定**的。

它為我打開通往整個世界的無限可能，卻絕非成功的保證書。不管碰到什麼事，我們都會為生命拋給我們的各種經歷與挑戰感到驚訝，也從中學會謙卑。生命的軌跡無從預測，正如我從沒想過我會回到台北，會重新整理這本書。

在我人生的這個階段，能夠回顧踏出哈佛商學院後的一切，省思引領我走到今天的每個決定，實在是不可多得的機會。此時我們翻開書頁，回到二〇〇七年的哈佛商學院，我的心情其實跟當時相去不遠。

敞開胸懷去體驗每一次經歷。即使你不認識對方，也要本著仁厚的心去分享你的經驗。一路走來，你會遇見許多慷慨大方的重要人物，他們願意在你踏出第一步時拉你一把。正是這些生命的遇合，讓這段旅程格外珍貴。

永遠記得，別留下遺憾。

那麼請跟我一起回到波士頓，好嗎？

〈序言〉

啟程——收到哈佛商學院的入學許可之後

對我來說，哈佛商學院是從某個禮拜四正式開始的，更準確的說，是台灣時間二〇〇七年一月十八日的凌晨一點鐘。寫了幾個月申請學校的論文、仔細研究哈佛商學院提供給我的各式各樣課程，終於按下「送出」鍵，把我二十七頁的哈佛商學院申請書上傳後，他們卻告訴你還得等到波士頓的一月十七日正午，才會宣布最後的入學許可決議；加上美國夏令節約時間，就成了週四凌晨一點鐘。

等待學校入學許可結果的期間，很多人都會非常緊張。就那一刻而言，我倒是覺得自己非常幸運，因為就在幾天前，我才剛接到一通電話，說我已經獲得東岸另一間企業管理研究所的入學許可，所以我深知要是進不了哈佛商學院，也還有另一所我極願意去上的學校。

週三晚上，我照著平日週間夜晚的模式過。我才剛服完台灣一年七個月的義務兵役不到一個禮拜，單純地享受著在台中家裡和父母相處，窩在沙發上看電視的日子。明明已經試著不去想這件事了，不過還是每隔幾分鐘就會看一次時鐘，尤其是過了十點之後。十點半，我爸爸上樓去睡覺前，叮嚀我要是在一點鐘的時候知道上了哈佛，就叫醒他，要是我沒有叫醒他，那也無妨，表示我就會去上之前接受我的學校。接下來的兩個半小時，我關掉電視，和我媽坐在僅有角落亮著一盞燈的客廳裡，笑著回憶，在準備了將近一年以後，我們怎麼樣的終於走到了這一步，並且說著有時生命是多麼的有趣，光憑一封信、一個時刻就能確確實實的永遠改變你的人生。

十二點四十分了，我們上樓到電腦房去登錄上網，不曉得哈佛會不會已經提早把決議貼上網，但結果就如同我所預料的：沒有。要說過去與哈佛入學許可部門周旋的那十個月中，我有學到什麼的話，那就是他們公告會在什麼時候宣布結果，就會說到做到，毫無例外。我媽媽站在身後陪著緊張的我，而我幾乎每隔幾分鐘就會發出笑聲，然後每隔幾秒就按一次「更新」鍵。想到已經有所學校可以讀，真是讓我大大放鬆；如果這是今年唯一進入企業管理研究所的機會，那麼現在所經歷的心情如何？我只能光憑想像了。

千百個念頭在腦中奔馳而過，我緊盯著電腦上的時鐘，倒數著剩下的時間，一點整，我開始每一秒狂按著「更新」，但不斷更新的螢幕卻什麼都沒變，也感覺到媽媽隨著不斷往前倚向我椅子而加重的手勁。

突然間，跳了出來，一個簡簡單單，卻可以通往入學許可結果信函的連結。我做了個深呼吸，跟我媽說：「出來了，準備好了沒？」然後按下那個連結。

拜我所受的美國教育和英語是母語的能力所賜，我看英語比我爸媽都還要快，所以在第一行看到「恭喜」時，立刻知道了結果。「我上了。」我低聲咕噥著，不太敢相信。媽媽又沉默了幾秒鐘，等看完了信，馬上興奮地給了我一個大大的擁抱，我跟著跳起來，母子倆隨即逐字把信大聲朗讀出來。

經常聽人說，隨著年紀增長，還能留在記憶裡的時刻並不多。事情剛發生時，你總以為你會記得一輩子，絕對不可能忘記，但隨著歲月流逝，你隨著時間長大變成熟，也或者僅僅是生活的疲憊，於是發現許多事情並沒有你以前所認為的那麼重要和驚天動地，記憶就那樣漸漸褪色了。

果真如此嗎？我對此總是心存懷疑，因為打從我三歲開始，就擁有不可思議的圖像記憶力，幾乎能夠記住生命中每個重要細節。或許有一天，就像其他時刻一樣，這一刻也會淡出我的腦袋，但此時此地，每個細節都很重要，每個細節都牢牢烙印在我的腦海。媽媽和我興奮的聊著在這漫長及疲倦的旅程之後，迎接我的是多麼神奇和幸運的結果，我們也決定不叫醒爸爸，以免他無法再入睡。

媽媽兩點的時候上床去，我則回到房裡，睜大了眼睛坐在床上，想著過去幾年裡，所有直接或間接引導我走到這一刻所碰過的臉龐，甚至是那些從來沒有真正碰過面的人。來自全球大約八千位最棒的學生，錄取率約莫百分之十，而且大部分都大我三、四歲，結果我獲選了。坐在房間的床上，在這世界的角落裡，我覺得自己實在是太幸運了。我也感受到肩上的重量增加，好像從明天開始，全新與未知的期待、壓力與責任相交，我的世界就要改變了。一言以蔽之，我頓悟到，我對自己將會發生什麼事、前頭又有著什麼挑戰，簡直一無所知。我只是坐在那裡，體會著這個時刻，看著我的房間，一顆心在思緒中漂浮迷失。

生命真的可以因為某一封信、某個時刻而永遠改變嗎？過去幾個月，我一直想著這個問題，但那個階段現在終於結束了，我很快就會親自找出答案。

第一章

第一次走過史班勒館

第一次踏入哈佛商學院校園的感受，依舊歷歷在目。那是三月末，離學校正式接受我入學已經又過了兩個月。一旦美國某間頂尖商學院接受了一個學生，好玩的是，風水就轉到你這邊來了。在過去讓人筋疲力竭的六到十個月中，是學生包辦所有的研究和工作，盡力讓學校注意到你，求他們讓你進入那窄門中的窄門。但等接到入學許可信，接下來就是你好整以暇，輕鬆等待著的快樂時光——輪到你看著學校要怎樣出盡法寶來說服你接受他們。

首先，如果是企業管理研究所的前十大接受了你的申請，他們就會推論你應該也寄了申請書給其他十大，而且還有其他學校在等著你。排名前面的這些學校總是比較著他們每年的接受率，也就是他們今年有多麼受歡迎，有多麼熱門；而為了拉高排名，每間學校都會想盡辦法做到接受度最高，意思就是：有個學生雖然收到眾多入學許可，卻對其他學校說「不」，而選擇進入這所學校。舉哈佛商學院的例子來說，平均有百分之九十的人會答應，也就是說在他們每年接受的幾百個學生當中，只有百分之十會決定去讀其他學校。在學校裡，我們經常開玩笑說，那是因為他們痛恨波士頓酷寒的天氣。

這個過程不但有趣，而且把牌交到了學生手中。突然間，風水輪流轉，現在人人都想要你對他們說「好」，而他們也會盡一切努力來確保你回答「好」。

書架上的戰利品

我一獲得哈佛商學院的入學許可，入學許可部門的一名指導員就直接打電話到我台灣家中，她很有禮貌的介紹自己，再次恭喜我，並解釋接下來到開學前的幾個月裡會發生些什麼事，順便了解一下我有沒有任何問題要問她。她的辦公室會親自打電話給每個獲得入學許可的學生，並確保我們都得到了個別的關懷。掛上電話前，她說她期待幾個月後在校園內看到我，要是我有任何問題，或是考慮選擇其他學校而放棄哈佛的話，隨時都可以打電話跟她討論。

每個學校都會這麼做，另一間頂尖企業管理研究所接受我的時候，甚至是入學許可部門的主管親自打電話來恭賀我，正式的入學許可通知函還是第二天才收到的。頂尖商學院的遊戲規則很清楚：學生在提出入學申請的過程中吃盡苦頭，可是一旦達成目標，他們的首要之務就是確保你會說「好」；他們說要你，就真的要你。

接獲正式入學許可一個禮拜以後，你會開始收到郵寄過來的「歡迎」包裹，打開包裹，看看他們給你什麼特別的「入學許可禮物」，往往最讓人最興奮。好比哈佛商學院，禮物包括一條深紅色的哈佛商學院圍巾，上面還附了一封信說：「熱烈歡迎您來哈佛商學院」。我還從別的學校收到了掛在行李箱上的不鏽鋼行李牌，外加學校和企業管理研究所的封條；另一所學校送的是附有企業管理研究所標幟的鑰匙圈。全都是有趣的紀念品，用來紀念之前幾個月的努力，就像是書架上的戰利品一樣。包裹裡還有正式的歡迎信函、一堆解釋了他們會給新生所有的資源和活動的資料，直到她或他拒絕學校的提議為止；外加經常會有的指南書，詳細導覽波士頓、紐哈芬或費城等等可能成為你未來兩年新家的地方。

包裹中有幾樣東西很重要。首先，所有的學校都會安排「迎新週末」（admitted student weekend，註：這裡的新生是指申請上學校但尚未確定要就讀的學生），一週安排一梯次的申請者去參觀學校、上幾堂課，和未來的同學見面。在這個週末裡，院長會跟「新鮮人」聊聊天，學校會努力讓你對他們豐富到不行的資源、友善的學習環境和驚人的教職員團隊留下印象，最後經常是以精緻的盛宴畫上句點，因為學校要舉杯敬他們未來的學生。比如，哈佛商學院的「入學新生週末」將在三月第一週於哈佛商學院校園內進行，而既然哈佛商學院是我的第一選擇，我知道我會在即將來臨的三月份前往參加盛會。

第二，學校會給每個新生一個暫時性的網上身分證和密碼，以便可以上新的「入學前網站」，裡頭有學生在真正開學前必須知道的所有訊息、課程表和聯繫方式，要接受或拒絕上他們課程的最後期限，通常訂在三月中旬。所以除非你決定接受入學許可，否則你的網上身分證和密碼的有效期間也只會到那時而已。但是期間那幾個禮拜，這些網上身分證可以讓你暫時成為某些超級熱門學校的學生，得以一窺之後你得忍痛揮別的學校的學生生活究竟是什麼模樣。

這些網站非常詳細，提供廣泛的住宿規模、費用和教授背景等訊息。真正啟動後，你就可以選讀最感興趣的課程，並且在企業管理研究所的討論版上和未來的同學聊天。在幾個比較大的城市當中，剛獲得入學許可的新生會在這些入學前的討論版上相會，在學校還沒正式開學前好幾個月，就先行安排小型的聚會。

最後，包裹中最有趣的是一封信，通知你他們可能會進行的一項背景調查。為了爭取入學，你寫下你過去的豐功偉業、頂尖突出的故事，現在你成功了，確認你沒有在簡歷中造假，就是學校的責任。校方在信中告知，在三、四月間，他們已經請一家國際徵信社仔細查證你條列的經驗和工作地點，而且如果有必要，還會跟你前辦公室或前上司確認，要是有任何事經查證是偽造的，你就會面臨資格被取消的命運。對於國際學生來說，這始終是個威脅，因為你不知道他們要怎麼聯絡你的跨國雇主，他們會說英語還是中文？萬一溝通有誤怎麼辦？

三月上旬，我服兵役期間的辦公室打電話給我，這家徵信社的印度分社剛和他們連絡，要求傳真文件證明我真的做了我在簡歷中形容的事情。幾個禮拜後，這些證明無誤。這是我常對準備申請海外研究所的年輕朋友說的故事，**不管你做什麼，千萬不要在簡歷中造假或過度誇大其詞，在這時代，學校真的會追查到底的。**

命運的交會

取得哈佛商學院入學許可的兩天後，我和一群大學時代的朋友到泰國去玩了一個禮拜，之前我們就說好每兩年要和同一群人來一趟海外之旅；那是在逐漸進入社會的同時，沉澱自我，並與我們的固定班底保持聯繫的方式。從那時到我前往參加「迎新週末」、參觀哈佛商學院之間，也就是一月底到三月初，在台灣的生活很棒，也很單純。

從泰國回來後，家人和我才慶祝我獲得入學許可。幾個禮拜後，就是春節。在過去一年準備申請的過程中，我曾造訪幾個企業管理研究所申請者的部落格，他們散布世界各個角落。我看了世界各地好幾百名年輕男女的信，或是宣布他們剛為頂尖的學校所接受，或是描述剛被他們的「安全學校」拒絕的震驚與失望。這些討論版、這些徹頭徹尾的陌生人是我過去一年裡每晚的內心圈圈；奇妙的是，從現在起，我們分道揚鑣，要分別踏上前往世界不同學校之旅。因為過去幾個月我們分享了過程中許多的起起落落，也從他們的部落格中分享了他們的情緒，讓我覺得和他們之間有種親密關係存在。儘管就個人而言，他們對我是完全的陌生人。

我在二月最後一天啟程前往波士頓，並在為期兩天的「迎新週末」的三天前抵達。在申請哈佛商學院耗費了我一年的生命後，我終於得以親眼看看命運給了我什麼。

首次造訪的震撼

訪客首度到哈佛商學院校園時，經常是從劍橋這邊進入，因為幾乎所有的人都從哈佛廣場走進去，我第一次和我舅媽在「迎新週末」開始前兩天造訪時也不例外。我們走過一條橋，這是我第一次跨過查爾斯河（Charles River），生平首度進入哈佛商學院校園。

從北哈佛街（North Harvard Street）走進去，馬上看到左邊一排排殖民風味的建築，全都是四層樓高，莫里斯（Morris）、加勒廷（Gallatin）、麥卡洛克（McCollogouh），都是我們接下來兩年的家。右手邊立刻看到的是龐大的教職員大樓，在教職員辦公室後頭的是夏德館（Shad Hall），當然是以捐贈這棟建築的傑出校友命名的。幾乎全哈佛商學院的建築物一樣，都是以慷慨捐贈的校友命名。接下來在左手邊的是貝克草坪（Baker Lawn），擁有絕對開放的視野，可以一路看到查爾斯河的另一頭，此刻河上正有一隊划船選手在練習，遠方還可看見哈佛大學。右手邊是貝克圖書館（Baker Library），接著是三層樓高的奧德里奇館

從哈佛大學跨過查爾斯河會見到的哈佛商學院校園景象

(Aldrich Hall),幾乎所有的課都會在那裡上。再過去是有花園的院長室。位在車道盡頭的,是一棟名為克雷斯吉(Kresge)的建築物,右邊則是麥克阿瑟館(McArthur Hall),這兩棟建築物是給來訪的學者或傑出校友使用的,到今天雖然我已經經過無數遍,卻從沒進過其中一棟。從克雷斯吉前的車道往右轉,會看到右手邊有一棟可供一千人聽講的博登禮堂(Burden Auditorium),左手邊則是舊的戰士運動場公寓(Soldiers Field Park Apartments),隔壁是新建的、形狀特殊的西大道一號公寓(One Western Avenue Apartments)。就在幾個月後,我每天早上七點半都會過來做小組討論。這些公寓的旁邊是室內、室外型車庫皆有的大型停車場,而在這些公寓的正前方是所謂的「計程車招呼站」。哈佛商學院的學生想要跟朋友碰面,或者到城裡去看場電影,到俱樂部坐坐,甚至是去中國城打打牙祭,總會在計程車招呼站碰面。這裡每晚都有計程車排隊等候顧客上門。

我永遠都不會忘記,第一次和哈佛商學院學生近距離接觸的情景。做完校園巡禮後,舅媽和我終於推開了奧德里奇館的門走進去。當時是午餐時間,餐廳擠滿了人。我們環顧四週,決定從奧德里奇館的這頭走到另一頭,經過的學生休息區長廊實在是長得出奇，休息區有著非常古典的新英格蘭建築風：木頭地板、很多真正可以燃燒的火爐、漆黑的皮椅、沙發和木頭桌子，珍珠色天花板上懸掛著許多玻璃吊燈，最重要的，是有無數的哈佛商學院學生坐在那裡讀書或討論。

我飛快通過，一邊快速走動，一邊偷瞄他們，好像我是個冒牌貨，深恐被逮個正著。彼時彼刻，才剛滿二十四歲的我，真的覺得自己像個騙子。我看著他們的穿著、他們的坐姿，以及他們討論時的手勢，人人看起來都比我年長得多，並帶著一股只會從真實職場中成功多年而得來的自信和世故的氛圍。我感覺到壓力、焦慮和緊張，就像是個誤闖中學教室的小學生。假如置身那樣的情境，那麼每個孩子的惡夢，就是人人都會停下來，在一片死寂中盯著你看。我終於快速來到另一頭，打開門走出去時，不禁大大鬆了口氣，不由自主的想著：我怎麼會落入這種情境？不要誤會我的意思，我很驕傲自己現在成了哈佛商學院的學生，但現在要怎麼辦？我會產生真正的歸屬感嗎？

那天早上還有另一件事令我大受震撼：我從來沒有在同一個房間裡見過這麼多漂亮的人，我說的是真心話。幾乎我所見到的每個人都衣著得體、舉止合宜。等到正式成為這裡的學生後，我便會發現這是種特色，但這件事結結實實地給了我一記：因為一般人對於類似哈佛這種好學校的刻板印象，經常都是：典型的書呆子。

但這裡不是，這裡的每個人都會在智識上自我挑戰，所以自然而然的，也就會在體能和外表上做同樣的要求。認真想想，還真有道理。

哈佛商學院接受的學生背景互異，源自於他們想吸收各個領域佼佼者的想法，所以你的同學會有來自義大利的摔角選手、印度的核子工程師，或來自加州的醫生……每一年，哈佛商學院會從世界各地接受九百名學生，光是企管研究所就有九百個學生，讓我們成為全世界最大的商學院之一。邏輯很簡單，那意味著每年我們會有九百個人釋入

校園一角，正前方是奧德里奇館

世界，漸漸成為經理人或領袖。哈佛商學院校友間的連結只會變得愈來愈強，我們對於世界大事和財經五百大公司的影響力也就愈發無可否認、難以撼動。

在迎新週的第一堂上課時間，坐我隔壁的研一學生問我從哪裡來，在申請哈佛商學院之前是做什麼的，還收到了哪些學校的入學許可。在哈佛商學院一天後，我就明白這是每個人都會拿出來問他們不認識的人的標準問題，一個完美的破冰機會。每個人對此都有答案，而因為我們都拚命想要讓別人留下印象，拚命想要交朋友，所以這成為交談的完美開始。而且，沒錯，幾乎每個被哈佛商學院接受的人，都會自動認定你一定也得到了其他頂尖商學院的入學許可。他們不會問你**是否**有其他的入學許可；而是問你拿到**多少間**的許可。在連續回答這些問題幾個小時後，對於自己還拿到了另外幾所頂尖商學院的入學許可，我不禁大大鬆了口氣，否則好像會丟臉似的。

我回答說我已經服過兵役，而且才剛退伍。她興奮的說真的嗎。她是位很有禮貌的美國女孩，有種和藹可親的鄰家女孩味道。她問起我的官階，我解釋說沒什麼特別的，我只是個下士，在台灣服兵役是義務。然後她說她是海軍中尉，是 F-14 的飛行員，在申請進哈佛商學院之前，親眼見識過戰爭。我開玩笑的跟她說，既然她的官階比我高，那我或許應該向她敬禮。

我想，為了申請進入哈佛商學院，我打敗了八千名來自世界各地的申請者，直到被接受入學，邊工作邊奮戰煎熬了好幾個月。而她的申請完全是另一回事，一邊在戰場上打仗、開戰鬥機，一邊又申請進入哈佛商學院，在打敗其他申請者後，得以入學。但我很快就開始了解，這就是哈佛商學院，像這樣的故事背景，其實並不罕見。

同一天下午，我們去參觀哈佛商學院的公寓與宿舍。途中，我和旁邊的男生聊了起來。他彬彬有禮，卻不多話。我問他，開學前幾個月，是否有什麼計畫。他淡淡的解釋說他是國民兵的一員，剛剛被通知，在開學的幾週前，必須隨艦隊前往伊拉克。他將請求學校為他保留學籍，待明年服完一年兵役後再復學；因為突然接到派遣令，他太過震撼，原本還預期著幾個月後就要進入商學院念書的。但他平靜的敘述這件事，完完全全的接受他的命運，他的責任。在波士頓的春日下午，我們一起做著哈佛商學院的宿舍巡禮，我永遠都不會忘記他描述的方式。

充滿挑戰的學前個別指導

在真正進入哈佛商學院前的幾個月，並不是沒有壓力的。除了義務性的接受背景調查外，還要讀書、準備，並且得通過所謂的企業管理碩士學前個別指導。

個別指導是在線上進行的，每個被哈佛商學院接受的學生都必須在七月底之前上網完成個別指導功課，接受測驗證明你已經學會了這些學科。所有的主科，資訊科技、會計、營運、財務等等，都有個別指導，這可不是開玩笑的事，全都用類似PowerPoint的投影片方式呈現，而且每章節的後面都有練習。每個學生都必須在學校開學前，通過每個通常都很冗長的科目。

想像一下，我打開財務個別指導這個科目時的絕對震撼！我倒抽了一口氣，因為看到的投影片竟然超過五百張！白天在瑞士銀行（UBS）裡忙上十八個小時，還得在晚上或週末時另找時間，來完成這些似乎做不完的個別指導作業，還真是個極具挑戰的經驗！但就像哈佛商學院裡所有的事情一樣，不管當時可能怎樣的痛苦，最後每個人都還是挺過來了。

我認為這些企業管理碩士的先修課程會令人驚訝、或者對我特別具有挑戰性，是源於我的背景。我的背景跟一般企業管理碩士學生不一樣：十一歲以前，我一直待在美國，後來由於家庭因素，才和家人（我是獨生子）搬回台灣。剛回台灣時，我幾乎完全無法用中文閱讀、書寫或說講，而且根本沒有一點關於台灣的知識。學習中文、調整自己生活、被送到一般台灣學校體系讀書，是我這輩子最慘痛的學校經驗。

在經過國中、高中聯考和高中之後，我進入台灣大學外文系就讀。到現在為止，我認為大學四年生活是我這輩子最快樂的日子。在歷經好幾年死記硬背的填鴨式學習和考試之後，我終於可以優遊自在的生活。我從來都不是那種可以乖乖坐在教室裡的學生；我總是那麼渴望走出去做各式各樣的嘗試，任何的嘗試。任何我感興趣的事情，不論多麼瘋狂，我都要嘗試。生命何其短暫，而我只能活一次。

我成為台灣大學「模擬聯合國社」的社長，幫助台大成立模擬聯合國會議，以及第一次台灣模擬聯合國會議。在大二、大三暑假，我終於決定實踐我童年的夢想。寫下我搬回台灣後的經驗，並比較東西方在社會、教育和家庭價值上的差異。我在二十八天內完成了一百八十頁的手稿，並開始獨自找尋出版社，向他們提案，一年後，我出版了第一本書。之後，我又自己去找實習機會，在《台北時報》（Taipei Times）開了個一週一次的專欄，當時我正在台灣服兵役，也就在哈佛商學院接受我入學申請的時候，我正在為台灣知名製片和導演寫三十集的電視劇。

相對於大多數企業管理碩士學生，都是在工作了好幾年以後才決定讀商學院，而我卻是在大學時就已經確定、並且決定要讀企業管理碩士。在經營建立「模擬聯合國社」和從事這些專業活動上，我覺得實在是太有趣了。大三下學期，我去考GMAT，大學畢業後半年，也是服役期間，我開始向哈佛商學院申請入學，得到入學許可時才剛滿二十四歲，讓我成為哈佛商學院最年輕的學生之一。在我踏入商學院之前，我跟這行業沒有任何接觸與經驗。在我生命中，對於任何我感興趣的事，我就去試，很少想到結果會是成功或失敗。而不知道怎麼地，生命以某種神祕的方式，引領我進入哈佛商學院。

嘗試，就對了

在我成為哈佛商學院的學生之後，不只朋友、家人，經常也有宴會中的陌生人會問：「你怎麼知道哈佛商學院會接受你的申請？你怎麼有勇氣申請？」

我個人一直覺得這問題要回答起來有一點奇怪。

邏輯其實很簡單，答案卻並非每個人所預期的。

直接的回答是：我也不知道哈佛商學院會接受我的申請。事實上，我從來沒有預期我會被錄取。誰可以呢？如果你問大部分哈佛商學院的同學，在他們申請的時候誰會這麼想：嗯……我非常有信心，所以我只申請哈佛商學院這一所，我百分之百知道我會進去？幾乎沒有人會這樣的有信心。是的，也許會有一些超有自信的人，但是一般而言，沒有人能確定他們一定會被錄取。

所以我的重點是什麼？很簡單，就是：為什麼我敢申請哈佛商學院？而其他或許履歷表寫的比我好的人卻不敢？

除非去試，否則你怎麼知道會如何？除非失敗，否則你怎麼能確定？

申請的時候，我的排序很簡單：先排除一些因為地理環境或條件不合，所以我知道我不會去的學校。然後，除非我會被第十九名的商學院拒絕，否則我絕對不會申請第二十名的學校。為什麼？除非我已經被一到十九名的學校拒絕，否則為什麼我要選擇一個第二十名的學校；也就是說，要等到我先被每一個一到十九名的學校拒絕之後，我才會心甘情願地去申請第二十名的學校。

這可能就是東西方教育心態不同的地方。我承認，比起台灣教育，我確實受美國教育影響較深；我在美國成長，總是被鼓勵去追求夢想，即使有時候是用一種天真無畏的方式去嘗試。是否失敗幾乎不怎麼重要，我只知道，如果不去試，那就幾乎確定會失敗。

但大部分我認識的台灣學生都比較缺乏信心，在受過幾年亞洲教育之後，他們會比較容易滿足於接受任何他們認為還可以的情況。他們的推論是：在美國排名第四十的學校並不差，既然我的英文沒那麼好，我很樂意去就讀這所學校。所以他們會申請排名在第三十五到第四十五之間的學校，並希望可以被其中的一所接受。

接下來這個問題，亞洲學生幾乎從來都不會問自己：究竟為什麼我會成為那個限制**自己**該申請哪所學校的人？明明我可以申請到排名十五的學校，那我申請到排名第四十的學校又在高興個什麼勁？我連試都沒試，就這麼怕失敗，既膽小、又沒信心？

「你怎麼知道你會被哈佛商學院接受？」

我們不知道，我之前也不知道。**唯一的不同是，我試了**。

迎新週末

我在哈佛商學院的第一頓午餐和晚餐，都是入學迎新週期間在史班勒館餐廳吃的，那堪稱我這趟行程最興奮的時光。第一天要去吃午餐時，我恰巧坐在一桌全是哈佛大學畢業生的旁邊，他們將來可能都是我的同學。第一眼看到他們時，我對自己笑了一下，他們的穿著打扮完全符合東岸常春藤聯盟的刻板印象，兩個坐在我身旁的女孩身材苗條、外表迷人，都有一頭長長的金髮，另外四個男生也都有運動員的架子，馬球衫塞在Diesel牛仔褲裡，穿著帆船鞋，頭髮整齊又有禮貌。一開始，我還覺得跟他們坐同桌會不會是個錯誤，因為我想我很難融入他們。在那個時刻與那個地點，我突然了解為什麼外界的人會認為哈佛商學院的學生令人生畏。即使他們外表迷人、看起來親切，卻也讓人想到許多事情。我不禁揣想著，這對我未來的兩年所代表的意義是什麼。

當天稍晚，我們又聚在一起用晚餐，這次用餐的地點是在史班勒館的大宴會廳。當晚與會的除了學生之外，還有受邀者的同伴，甚至小孩，加起來總共超過三百人。我同桌的有個來自IBM的韓國人，另一位歐洲來的申請者則任職於Google。那是一個非常正式的晚宴，多道餐點，每張桌子上的餐具都是精心準備的，而且每張餐桌旁都有一名專屬的服務生，隨時為你上菜及斟酒，紅酒或白酒都可以，但憑你吩咐。當時，我對於哈佛商學院隨時都有全職工作的服務人員，感到相當驚訝，等到後來成為學生，看到校園裡每晚都有社交餐會及校友會活動，也就不難理解他們為什麼會有這麼多的工作人員了。光影朦朧，枝形吊燈閃爍著，對於一個二十四歲的年輕新鮮人來說，所有的枝微末節都令人印象深刻。

接下來，院長站上講台，再一次恭喜我們通過入學申請，也再一次期望我們每一個人都能接受這個機會，在幾個月後成為哈佛商學院的學生。然後他繼續提及哈佛商學院的著名傳統，以及遍及全球的校友，現在我們幾乎也算是其中的一份子了，並且歡迎我們這些新成員加入這個「家庭」。當我們高舉酒杯回敬院長時，在這充滿古典風味設計、莊嚴的史班勒館宴會廳裡，光線從吊燈斜射下來，陪襯著安靜無聲站在一旁繫著黑色領結的侍者，感覺我們彷彿正在參加一個神祕的組織，一個異教儀式，就很多方面而言，確實也相去不遠。

至今我仍鮮明的記得：當天晚上最後的活動結束，我們互相敬完酒，迎新週末將盡，九點鐘左右，雖然疲累，臉上卻帶著些微笑意。我獨自走出了哈佛商學院校園，越過查爾斯河。我在哈佛商學院安然度過兩天半的時間，沒有大災難，也沒有發生太尷尬的事。在我內心深處仍然存在著恐懼感，猶如我不斷提醒自己別笑得太誇張、別太高興、別率性的玩得太過頭，否則一旦學校開學，我可能真的會慘敗在那些既有自信又有攻擊性的同學底下。但這可是哈佛商學院，而且今晚我也安然度過了，想到這，我心頭就寬慰許多。雖然我不斷意識到自己年紀輕，並且缺乏真正傳統的企業管理碩士的學前工作經驗，但是我有我自己的經驗。在波士頓生氣蓬勃的夜晚氣氛裡，我對自己微笑，我告訴自己：沒事、沒事，或許我終究會適應。

就學前的小冒險

在我搭機回到台灣時，還只是三月，我想在我前往哈佛商學院就讀前的這幾個月，我還能做些什麼，結果我並沒有等太久，就在我回來一個星期內，一個新的小冒險就將展開。

回到台灣還不到一個星期，我就接到一個熟稔的台大學妹的電話。當時我正在想，在我人生的這個階段，在學校開學前的這幾個月，除了每天到健身房兩三個鐘頭，以及完成那看似永無止境的哈佛商學院個別指導之餘，我還能做些什麼？

回想我在大四時，平時的上班日會有兩天在台北一家資訊科技工業跨國外商公司實習。辦公室位於台北東區一個相當棒的地點，但不是在所謂的台北「華爾街」。當時台北 101 剛興建完成，信義商圈正在擴增中。就在龐大的台北市政府大樓正對面，人潮熙攘的活躍信義商圈，正處於台北理想生活方式的最佳狀態中，充滿機會、富裕及光明的希望；年輕、活力充沛、野心勃勃而且走在流行前端。身為一個大四生，當我搭乘台北捷運去工作，還有周末和我的朋友去那裡購物時，常不禁想像自己每天早上穿著正式西裝、提著真皮公事包、手拿著一杯星巴克咖啡，走到這一區上班會是什麼樣的感覺。對於一個二十一歲的台灣年輕人來說，那就已經是畢業後的理想生活了。

一年後，我在二〇〇五年的六月從台大畢業。在搬離台大宿舍的隔天，我就和一群大學死黨到日本自助旅行了六天。就在我回到台灣的隔天，比我預期的突然且提早許多，我母親打電話來告訴我說已經收到入伍通知單了，我將在不到一星期內被徵召。接下來的十八個月，我就要在軍隊裡度過，前兩個月是在成功嶺受訓，之後的十六個月則是在桃園當公務員。看起來可預見的是，我永遠都沒有機會在離開台灣前，去體驗信義圈的生活了。

就像有人在說一些文不對題的故事時，我會問他們重點何在一樣，我自己又為何會提起這段就讀哈佛商學院前的故事？

重點是，在我心裡，我一直認為這個突然的機會和瑞士銀行兩個月的經驗是我企業管理碩士教育的一部分。就許多方面而言，這個機會是我踏進企業管理碩士世界的第一步。這樣的世界即將成為我的一部分，但我對它的實際所知卻非常有限。它也提供我大量投入且速成的訓練，當學校真正開始時，還省了我不少跌跌撞撞和尷尬的場面。

為什麼說這是我企業管理碩士的開始？因為當時我已經獲得哈佛商學院和其他幾所頂尖商學院的入學許可，不過我對於我即將進入的世界，了解卻非常的少。

在哈佛商學院接受我的入學申請時，我從來沒有使用過 Outlook、Excel 或 PowerPoint。我並非以此為傲，只是我個人討厭電腦，大學四年在文學院所裡，我很少需要用到這些軟體。即便分組討論，我常常和一些聽從我命令和喜歡資訊科技的人一組；總是由我告訴他們如何設計演講和試算表。但在畢業之前，我依然沒有真正的碰過 Excel 或 PowerPoint。

因為我大部分的課外活動或工作經驗只限於出版業、媒體、軍隊和國際會議，對於顧問和銀行業務所知甚少。如果在我大學畢業時問我貝恩（Bain）是什麼樣的公司，我是一無所知。一月份申請到哈佛商學院之前，我完全不知道什麼是「機構投資人」，也不知道什麼是私募基金、風險投資，甚至投資報酬率、總資產報酬率。除了從字面猜測意思外，我也不知道投資銀行到底在做什麼。總之，我的企業管理碩士學前經歷起步的很晚，大部分的學習來自在瑞士銀行的幾個月。

我和另一個剛剛畢業的大學生一起被雇用，協助證券研究部門準備一年一度的瑞士銀行台灣投資股東會議。在這兩個月期間，能夠經歷我大部分哈佛商學院同學已經歷經過的經驗，我實在非常幸運。每天十八小時，待在一家頂尖投資公司的小隔間，每個同事都是畢業自優秀商學院的企業管理碩士，和世界最大的基金公司、投資股東與企業專家有第一手的互動和學習。從內部看到如何創造出這些財富，這經驗真是難能可貴！

這也讓我得以見到一般台灣民眾鮮少看到的這些商界人士。在我二十四歲這一年，我極為難得的看到這批百分之零點零一的台灣精英，在這個領域裡創造與分配財富。這個圈子的確相當小，台灣只有約六家主要的投資銀行，而每家銀行的部門裡頂多只有十二名員工。不管哪家公司，這圈圈裡的每個人都彼此認識。要稱他們大部分的人為「台灣人」可能有些誤導，因為儘管他們家族都是台灣人，但他們大多數在國外長大，並在獲得企業管理碩士學位之後才回到台灣。他們個個講得一口常帶有英文口音的中文，非如此不可，在這個行業扮演這個角色，你的英文溝通能力一定要夠說服力，因為你的任何答覆都有可能是要說服國際顧客在片刻之間投資好幾百萬美元，所以英語得說得既流暢又完美。把英文說得像母語般流利，以及擁有一個國外的企業管理碩士學位是進入這一領域的必要條件，也因此，台灣當地的大學畢業生幾乎不可能擠進這個行業。

一旦進入這個行業，那是多麼讓人眼界大開的經驗。雖然我每天工作十八個小時，晚上兩點睡覺，早上六點就得醒來準備上班，但是這罕見經驗的價值卻遠超過這一切的辛苦。在那八週內，我被帶去過到茹絲葵牛排館用餐，吃台北最貴的日本料理店，去過為引領時尚的人所選擇的法式餐廳，星期五晚上被邀請到附近的君悅飯店狂歡，暢飲昂貴的香檳和一碗三百元的白飯，享受位於市區內一小時三千元的全身按摩，在台北101頂樓餐廳被人以VIP的方式招待，造訪極具隱密性又時髦的俱樂部和Lounges（餐酒館），以及享用一般來說消費大約都是每人一千元左右的中餐，每樣消費都是公司買單。

在某些時刻，當我和同事在對一般台灣人而言，算是非常昂貴的餐廳用午餐，一邊吃飯，一邊用大聲且道地的英文談論高檔的手錶時，雖然那時我已經是這圈子裡的一員，卻深深了解到那些從玻璃窗戶外看到我們的路人心中有著什麼樣的想法。就很多方面而言，這就是不同面貌的台灣。

被一家頂尖投資公司雇用的過程並不容易；要評量的標準很多，錄取的機率很小。第一次到瑞士銀行面試時，我剛從部隊退伍，一個台大畢業生，沒有任何銀行業務的背景，沒修過財務課程，不會做財務規劃。甚至在投資銀行給面試者的四十五分鐘筆試裡，我也是不及格的，況且這個職缺有相當多的求職者，我為何會被錄取？

之後我的老闆告訴我，那是因為在我的履歷表上寫著，我已經申請通過進入哈佛商學院以及其他頂尖的商學院。

他們自然而然的推論雇用我是件可靠的事。

生命已經在改變中了。

風雨欲來風滿樓

我沒料到，參觀哈佛回來後的幾天，就遇到了第一個哈佛商學院未來的同學。先是接到一通我之前台大「模擬聯合國社」副社長的電話，大二時我們一同擔任過幹部。她從我們共同的一個朋友那得知我也申請到哈佛商學院，因此安排了這次碰面。

一見面不到十分鐘，我和 Cathy 很快就了解到彼此特性有多麼不同，雖然我們都申請到哈佛商學院，同樣是台大人，她比我早一屆，畢業自國際企業系，之前三年曾在花旗銀行工作，她的雙胞胎妹妹也申請到哈佛和耶魯法學院，但我們是屬性完全相反的學生。我很喜歡去參加派對、社團，偶爾社交一下，她則不喜歡跟不熟識的新朋友打交道。我在大學時積極參與課外活動；她則把大部分精力放在學業上，也是台大書卷獎的模範生，畢業時，她的GPA和GMAT成績遠超過我所敢奢望的高。總之，我們倆簡直是天南地北。但是後來再想想，就知道這很符合哈佛商學院所要的，多元化。如果你要的是完美的模範生，那麼Cathy完全符合這個標準，完美無瑕。如果你要的是完全不像企業管理碩士傳統樣子的年輕小伙子，而且一天到晚只放縱於他的熱情，那個人就是我。我們完全不同。

幾週後，我遇到第二個哈佛商學院未來的台灣同學。Hyde也是台大畢業，比我大四屆，已拿到電機碩士。Cathy先認識他，幾週後，我們三人約在信義區的紐約貝果店吃午餐，那時我正在瑞士銀行上班。Hyde曾在戴爾電腦上班。午餐桌上，他們聽著我講我去迎新週末發生的故事。這是我們前往波士頓前的最後一次見面，到學校開學後，我們才會再次見面。

五月之後，我在瑞士銀行的工作結束，在台灣的生活頓時變得輕鬆起來。

我在台北多留了幾週，和老朋友把握最後機會出去逛逛幾間最喜歡的店、電影院和餐廳。六月中旬，我回台中和家人相處幾個禮拜。而在經過了三個月後，我也終於完成了哈佛商學院一千頁的企業管理碩士學前線上指導作業和測驗。最後一個月彷佛是風暴來臨前的寧靜，我每天在台中一家健身房待三個小時，打電話給以前的老師，寫電子郵件給老同學，一個個道再見。

我要離開台灣的前幾天，台大社團的夥伴為我辦了一個歡送會。然後在八月二十四日，在學校要我們報到的一週前，我提早搭機飛往美國。我會先在我舅舅家待上幾天，採買一些日用品，幾天後就搬進哈佛商學院宿舍莫里斯館。玩樂的時間結束了。我經常認為這之前幾個月的風光和突然為我開啟的大門，一定是哈佛商學院**預先**給我的殊榮，就像以信用卡購買昂貴的精品一樣，現在就看我是否有後續的資金來兌現了。

這個一直困惱我的感覺持續了好一陣子，不論我做什麼或怎樣說服自己，都無法消除這種疑慮。我覺得能在瑞士銀行待兩個月真是十分幸運，開啟了我所有對商業的敏銳、直覺和一些基本常識。回顧起來，假如不是這樣，我現在可能就像個傻瓜，一無所知的走進哈佛商學院。就各方面而言，我覺得在瑞士銀行每天奮戰的十八個小時，應該已經是我「為該學的經驗所付出的努力」的方式，而經過那幾週的煎熬，我已經通過「戰火的洗禮」，有資格成為一名真正的企業管理碩士預科學生，我暗中希望這一切已經足夠，這兩個月所成就的，已相當於我未來的哈佛商學院同學在頂尖投資顧問公司三、五年所飽嘗的苦頭。我知道我奢求的太多，希望能夠逃過的太多，祈禱要避開的也太多。但我總是告訴自己：至少你的履歷表上有瑞士銀行的經歷；至少現在，在台灣當兵的經歷不會是你履歷表上第一個呈現出來的經歷，而是證券研究，我希望這樣就足夠了。

然而，盤據心中的恐懼一直都在。緊接而來的九月，我將在九百位同學面前丟人現眼，到時我將經歷更多的挫折和尷尬，我將被貼上太早、太年輕、太無知就入學的標籤。

果然，幾個月後，我的想法真的應驗了，而且代價很高。

第二章

第一學期

你絕不會相信這件事；就連我自己到今天也無法相信真的發生了這種事，想起來甚至都還會打個大冷顫。這場景簡直就是電影片段：你花了幾秒鐘站在門外往裡頭張望，心裡盤算著是不是有辦法可以在不引起任何人的注意下，進到教室裡，雪上加霜的是，發現教授已經開始在做開場白，每個同學也已經各就各位在專心上課了。

當然教授已經到了，同學也全都專心的聽課。這裡可是哈佛，誰吃了熊心豹子膽，敢在開學第一天就遲到？

答案顯然是「我」，可是我只是單純地記錯時間，以為課在二十分鐘後才開始，而且還以為自己提早到了。

前無退路，也沒有更好的藉口，我也沒有膽量敢故意等到第二堂課才出席，試圖解釋以脫身，於是我只好打開後門，想從後面偷偷溜進去，幸好我的座位距離後門只有一排。

打開門，偏偏門吱軋作響，全班九十個同學同時在一片死寂中轉過頭來盯著我看，教授還大聲說：「謝謝你最後選了A班！」

我在大家的笑聲中匆匆忙忙的趕到座位坐下。

真的就像電影片段。

也完全可以總結我在哈佛商學院第一學期的經驗。

新同學，新開始

在開學之前幾天，我們每個人就得帶著自己的密碼，到史班勒館地下室去打開個人信箱，找到這學期的案例和課本。等我把一百多個案例拖回宿舍，依照課表組合時，注意到最底下多出了一本筆記本，那是我們的諮商主任所寫的，標題叫做：《脫困：死巷如何成為新的道路》（*Getting Unstuck: How Dead Ends Become New Paths*）。是本諮商書，鼓勵人在極度壓力之下不要太沮喪，也不要太負面。這讓我覺得既好玩又恐怖，什麼樣的學校，或者說，接下來幾個禮拜學校會對我們做些什麼，以至於得預防萬一我們用得上這本書？我把書擺到書架上，內心深處則祈願自己永遠都不會真正用到。

此外，我在開學前幾夜，和其他台灣同學相約有個小聚會中。既然我們有個資料庫中詳列九百個人來自哪個國家、有什麼工作經驗和基本背景，因此各國學生大部分都會趁著還沒開學前這幾天來找自己的同胞。舉例來說，要是我根據「台灣」來找同學，每個把台灣列為母國的申請人名就會跳出來，外帶聯絡資訊。

我們約在John Harvard's（約翰．哈佛酒館）喝啤酒。Cathy和Hyde已經到了，Gina、Paul和Wayne則都是那晚才第一次見面的朋友。

Gina大我四歲，稍後她更發現，儘管我年紀比每個人都小，說不定還是所有亞洲學生中最年輕的，但是我居然比她弟弟還小，這實在是大大出乎她意料，於是在哈佛商學院就學期間，她順理成章的成了我「老姊」。Gina家從事台灣和中國的腳踏車設備工業，擁有龐大的家族企業。她小時候先在台北讀國際學校，然後到加拿大念高中，再去日本慶應大學就學，因此英語和日語都很流利。大學畢業後，她先留在日本的花旗銀行上班，之後被叫回去經營家族設在中國的工廠。她的個性獨立，充滿自信，對汽車和摩托車業相當有興趣。

Wayne在台中的美國學校一路念到高中，然後去上了加州的寄宿學校。耶魯大學畢業的他，大一時曾休學一年回台灣，結果被發掘成為電視明星，與吳宗憲及陳柏霖一起在主流電視節目中表演。耶魯畢業之後，他做了幾年管理顧問。

Paul則在台灣土生土長，直到十幾歲時才與家人移民美國，並進入加州柏克萊大學就讀，他也非常喜愛汽車業，進哈佛商學院之前，他在福特車廠上班，畢業後自然而然的往汽車業找工作。個性外向的他交起朋友來，幾乎涵蓋所有類型，在所有的社交場合中，幾乎都可以看到他在派對中跟每個人自我介紹。

我是在學校正式開學前的一天認識了Anuroop，當時院長在可供一千人聽講的博登禮堂裡發表歡迎新生入學的演說。所有的必修生（RC）都很緊張又憂心忡忡，焦慮自己會成為輸家，在哈佛交不到朋友，所以都馬上開始自我介紹，並和坐在附近的人用力握手。Anuroop就坐在我隔壁，他的家族在印度，可是他的大學生涯和最近的工作地點都在新加坡，並且已經把新加坡當成了第二故鄉。Anuroop只比我大一歲多，是新加坡麥肯錫的顧問、已婚。後來我也認識了他的妻子，也經常一起參加哈佛商學院的社交活動，她仍留在新加坡的寶僑集團（P&G）上班。我們相處融洽，但令我震驚的，是他接下來就開始問起我台灣的政治，甚至深入討論到國民黨和民進黨黨主席對於台灣有著什麼樣的計畫。

就大部分在哈佛商學院碰到的人而言，你總是會想以後不曉得還會不會再碰上面，或是不曉得有沒有機會真正認識這個人，因為最可能發生的情況，是下次在走廊上碰到時，你甚至連他們是誰都想不起來，因為學生人數實在太多了。但就在隔天，我看到他跟我分在同一班，在同一間教室，再加上他也住宿，於是接下來兩年我們成了親近的朋友。

聽完了院長的演講，我走過貝克草坪，和指定好的六人學習小組的其他五名成員碰面，真正的哈佛商學院經驗就從此時正式展開。

學校要我們組成學習小組的著眼點，就在於嘗試把類型互補的學生放進每個小組，而每個成員又來自不同的班別，那麼我們在上課前一晚一起研究案例，或是早上討論解決辦法時，才會有不同的看法，並且互通有無、截長補短。

Katie 既擁有顧問的背景，又選讀了甘乃迪政治學院（JFK School of Government）的雙修學位，所以會比我們晚一年畢業；來自勤業眾信（Deloitte）的 John 也是顧問，他是個出櫃的同志，在團體中慣常我行我素，但他突然冒出的評論往往最好玩；身材高挑的 Mike 來自芝加哥，個性非常友善，之前任職於青箭口香糖；而 Tyson 是美國海軍核子潛艇的工程師，我們馬上就聊起軍中經驗。最後一位是 Anila，她是印度裔加拿大人，之前在高盛擔任投資銀行員。

看得出來我們六個人的背景天差地別，而這一切都是學校的設計。比如，我大部分的 Excel 技巧都是向 Anila 學來的，因為她將負責處理財務方面的撰述。以一個之前在財務部門上班的人來說，她的 Excel 和財務模擬技巧委實驚人。每晚她都會把她做的案例分析用電子郵件寄給我們五個人，讓我們自己仔細看過她的筆記和數字，慢慢搞清楚。前幾個月事情一團亂，每個人都只能拚命適應及趕上哈佛商學院的步調時，小組工作讓每個人的生活都變得輕鬆一些。我現在可以確確實實的告訴你，要是沒有Anila每晚的財務報告，我對財務課將會一籌莫展，它們對我真的就是那麼重要。

那天下午就是那樣度過的：院長演講過後，我們和小組成員第一次碰面，接下來的時間，先是自我介紹，接著就投入許多架構小組的練習，目的在熟悉彼此，最終能善加運用彼此的力量。那天的會面在下午六點告一段落。還不錯，那晚我們懷抱著這樣的共識，揮手道別，覺得哈佛商學院並沒有如我們想像的一半糟。

我的學習小組成員，自左到右為：
Tyson、我、Mike、John和Anila

不過，雲霄飛車之旅才正要展開。

哈佛商學院的一天

我在哈佛商學院第一學期的課程如下：LEAD的實質內容是領導與管理，教授是剛從高盛投資銀行副主席位置退下來的知名哈佛商學院校友，縮寫為FRC的財務報表管理（基本上是會計）、市場行銷、財務，以及代表技術與營運管理的TOM。

哈佛商學院的學生分為必修（RC）和選修（EC），既然哈佛商學院第一年的課程全都是必修課，因此必修基本上就代表著哈佛商學院一年級生。同樣的邏輯，選修象徵「選修課程」，也是哈佛商學院二年級生，因為二年級的每個科目都是選修的，每班就不同的主題自行選出他們的班代表、康樂代表、學藝代表等等，就像世界各地的學校一樣。

哈佛商學院典型的一天是這樣的：我在太陽剛剛升起的六點半起床，沖澡、更衣、抱起我的書衝過校園，趕在七點半前到西大道一號公寓的大廳跟學習小組碰面，討論當天的案例。波士頓的早晨通常冷得要命，下雪的時候走起路來還會慢上兩倍。

討論當天的案例一小時之後，我們會一起走到奧德里奇館，分別進入不同的教室，有時也會停在二樓角落的小咖啡站裡快速喝杯咖啡或吃個早餐糕點，我們各就各位，跟左鄰右舍打招呼，然後拿出案例和筆記。教授從不遲到，她或他通常已經來了，就在那邊看他的筆記，技師則在一旁幫他把電腦和網路連線做最後檢查。八點四十分整，教授會關上門，到這時就已經算遲到，進去會覺得很不好意思，不過那比較常發生在你是選修生之後。

每節課長八十分鐘。人人都一樣，到教授關上門之際，我們都已經手握自己的案例和學習小組的筆記。如果這堂是財務報表管理，或是財務課，那麼我們面前一定有滿滿準備好的Excel試算表和預測。

幾乎所有哈佛商學院的課程都是

上課情況

從有名的「冷酷點名」（cold call）開始，教授會隨意點某個人來為課程拉開序幕，有時冷酷點名會長達十分鐘，教授來來回回拷問，把確實的資料列在白板上，以便我們可以開始討論，同時確認你真的讀了，也了解所有的細節。在哈佛商學院，不會有令人不安的冗長停頓，不會有一邊翻筆記，一邊努力擠出個好答案，不會有「呃……我不知道，讓我想想。」完全沒有。提問經常就只是簡單的一句：你會怎麼做？整整十分鐘，整個教室都看著你發表你昨晚準備的答案，捍衛你的論點，並用數據和分析來支持，要是你回答：「我昨晚沒有讀這個案例。」那麼你的成績可就不堪設想了。冷酷點名也可能在課上到一半時突然發生，不需要什麼特別理由，我就是在技術與營運管理課上第一次被冷酷點名，只因我打了個呵欠，我連嘴巴都掩住了，但教授還是連這個呵欠都沒有讓我打完，他突然叫我時，我呵欠只打到一半，於是全班同學看到的是我好像被叫醒似的。有時你被點名只因為那天是你的生日。要確認有做好準備，確認沒有錯失一堂課，光是這樣就足以成為好理由：沒有人會想要在全班面前丟臉。

尤有甚者，你的姓名牌就放在你前面，而你所有的背景資料都可以輕易從資料庫檢索得到。更慘的是，為了灌輸這裡真的是個地球村的概念，班上的學生來自幾個國家，教室後方就有幾面國旗。哈佛商學院的教室絕對不是為害羞、心智軟弱、信心低落的人而設的，而是試著映射出壓力、急迫和期待，同時成功地達到這個目的，並且需要真實國際貿易世界中立即的反應。

從早上八點四十到十點是第一堂課，之後休息二十分鐘，大部分人都會利用這段時間到小餐館去搶杯咖啡或吃頓遲來的早餐。下堂課從十點二十開始，到十一點四十結束。週二和週四是我們的「兩個案例日」，所以課在十一點四十分就會結束，給你額外的時間去完成案例、準備面試或處理公司業務，其他日子則會一直上到下午兩點半，第三堂課是從下午一點十分開始。我記得，真正開學前我還在想，哇，在哈佛一天只有兩堂、最多也只有三堂課？

哈佛商學院是個地球村

和大學生一天可能會有六到八堂課的辛苦日子比起來，這應該很簡單才對！

看起來是這樣，但我必須提醒你，這三堂課可是紮紮實實、辯論不休的兩百四十分鐘，要求你的注意力持續。在大學裡，在課堂上分心，或者覺得累，開始在後排玩手機都沒問題。但在哈佛商學院，要把所有的注意力集中在這兩百四十分鐘裡，持續地等待發言，永保警醒以防被冷酷點名，或者被同學攻擊你的論點，這些，全都讓人**筋疲力盡**。

厲害的教授

平心而論，教我們的教授也輕鬆不到哪裡去。

擔任哈佛商學院教授，必須準備得相當充分，否則學生會把你生剝活吞。在班上或許有三分之一的學生過去是專業銀行員時，你要怎麼教金融學？當班上有四分之一的學生是麥肯錫的顧問，而且如果你犯了錯，這些哈佛商學院的學生可是會毫不遲疑當場舉起手來，當著每個人的面糾正你時，你要怎麼教策略？就像不是每個人都適合做哈佛商學院的學生，也不是每位教授都適合在哈佛商學院教書；你必須冷靜，對學生的挑戰能快速回應，很清楚自己的觀點在真實世界場景中的模樣。到頭來，我們在這裡所討論的都和真實的商業世界有關，如果你是個只喜歡研究，不是個自信的演說家，而且並不樂於挑起辯論，也不熱中面對面的衝突，那麼我得再說一次，你不該到哈佛商學院來教書。

但大體而言，教授厲害極了。他們從來不遲到，總是在上課前十分鐘抵達教室，總是在大部分的學生到之前，就已經把筆記好好的擺在面前，把數字和圖形畫好在白板上，他們的資料準備得一絲不苟，但最驚人的還是他們花在學生身上的準備功夫。

在八十分鐘的課程上，大約半數以上的人會被點到名，教授是唯一的主控，擁有指揮的權利，教室爭論的節奏和方向完全在他手中，也因此，他對每個學生的了解愈深，愈可以為討論加溫。

舉例來說，我們最先碰到的其中一個案例叫做「寫字台」（Lap Desk），是南非一個企業家為非洲貧窮兒童創造了一種簡單的桌子，可以每天隨身攜帶到學校去，擺在膝蓋上學習。這個案例要討論看似非營利感覺的產品，和一家營利事業典型之間如何取得平衡，並如何推廣到其他開發中市場。

這堂課一開始，教授就從來自非洲的學生當中點名，要他們告訴我們他們的觀點；然後再點名之前在非營利機構任職過的學生，緊接著他會要任職於營利機構的學生以完全不同的觀點和前面的同學辯論。感覺上很像是一個交響樂團的指揮，好的哈佛商學院教授可以經常引發火熱的討論和爭辯，直到班上大部分學生都說出他們的意見，最後對這問題做出一個共識的結論。

在那天六十分鐘的辯論之後，每個必修班面前的投影機螢幕會自動放下來，「寫字台」執行總裁就出現在螢幕上，透過網路會議，從南非對我們的討論提出他的評論，告訴我們實際的情況，讓我們比較一下我們的提議和實際發生的狀況。透過完美的資訊技術同步化，他看得到我們所有人；每間教室裡都有好幾個內建鏡頭，萬一我們在最後的提問與回答階段有任何問題，資訊技術人員也已經確保每間教室裡有許多準備好的麥克風，這真的是把哈佛商學院經驗與標準發揮到最極致。

在整個討論過程中，教授都不會看筆記一眼，也完全不會停下來看一下我們的背景資料，不見絲毫遲疑。在我們都還沒踏進哈佛商學院校園之前，所有的教授已經都有一張佈告掛在他們的辦公室，上面有我們九十個人的臉龐、我們的背景、我們的國籍和我們的座位。他們記住了一切，而且是所有人的一切。要是有個案子牽涉到上海的一家中國製造公司，他自然而然的會先點一名中國學生，接下來再點台灣學生，確保我們會提出不同的爭論觀點，拉開討論的序幕，最後還不忘點名以前在中國工作過的學生。他們知道我們的一切，在哪裡上班、國籍哪裡、興趣是什麼。有時教授甚至會帶糖果和蛋糕來，只因為那一天是我們某人的生日。而且他們從不出錯，被他們點到名都是有理由的。當每位教授在學期的期中表現評估裡寫下九十名學生每個人在課堂上的表現時，每個人都會拿到詳細的報告，一五一十地說明，哪一堂課上我們有發言，到底說了什麼，還有未來要如何加強評論內容。他們什麼都記得，即使每堂課有四十個學生發言，他們也從來沒有停下來做過筆記，因為要是做筆記的話，就會中止動力、會中斷討論的勁道，那就不是哈佛商學院的風格了。

宿舍生涯

即使到了今天，當我回顧必修那年，有時還是會有種混合了壓力、幽閉恐懼症的感覺，導致窒息感，大部分是歸因於日復一日的課程、案例和一定得充分準備、展現十足幹勁的需要，外加全程微笑，即使你的身體明明還因為連續幾晚沒睡，痠痛得顫抖。

另外還有一個很簡單的原因：我第一年的宿舍莫里斯館。

簡言之，我痛恨我的宿舍房間，而且它很快就成為一種象徵，代表著我當時備受壓抑的哈佛商學院情緒。

首先，它很小。必修生沒有房間的優先選擇權；那是給二年級生的，所以留給我們的，經常是比較舊也比較小的房間，我第二年的房間會大將近三倍。不誇張，包含淋浴、洗臉台和廁所的浴室，大概就只有飛機上的洗手間那麼大，房間有直接安裝好的書桌，上面的書架和單人床，大概只比我的身高略高一點，如果我站在房間中間伸展雙臂，幾乎就能碰到兩邊的牆壁。真的就是那麼小，唯一的好處是，跟哈佛商學院其他宿舍一樣，都有免費的內務服務。

開學前三天的研一宿舍房間，桌上是我剛領到的名牌

然而最糟的是，我一天經常要花十六個小時待在裡頭。我跟其他不喜歡分心的學生一樣，都比較不喜歡待在圖書館、或史班勒館和奧德里奇館的學生休

息區裡研讀案例，因為那邊經常有學生走來走去或討論，因此我總是在下課或討論結束後就回來，那往往意味著下午三點就回到宿舍。外面依然艷陽高照，而從窗戶往外看，可以看到有許多選修生在貝克草坪上玩飛盤，或者邊看案例邊做日光浴。對我而言，卻是不管如何，從下午三點到半夜一點，我都要坐在堆滿案例的書桌前，日復一日的想辦法搞清楚試算表和 Excel 的圖表，連週末也不例外，我老是有種四面牆不斷向我逼近的感覺，也老是感覺到不見天日，那種感覺持續了一整年，直到完成一年級的必修課程為止。

我記得很清楚：走二十分鐘到餐廳去買晚餐，再走回來，經常就是我能夠離開房間的唯一一段時間了。期間還得不斷看錶，不斷擔心我會浪費時間，擔心我今晚又得讀到半夜一點鐘，祈禱著週五趕快到，至少我可以睡到週六中午。有幾個同學就跟我說過，往往在週五下午，也就是他們回到公寓後的下午三點左右，會累到想要睡個小午覺；結果醒來時卻發現，已經是隔天星期六的早上八點鐘。

在那樣的歲月裡，光是朝哈佛廣場走，走過陸橋，週末暫時離開哈佛商學院校園幾個小時，終於呼吸到新鮮空氣，吃點學校餐廳以外的食物，還有光是看著不是莫里斯館的牆面，都足以讓人樂得面帶微笑。在那年最初的一段時間裡，光是走出我宿舍房間，脫離哈佛商學院校園這樣簡單的舉動，都能帶來一種讓人興奮的解放感。

學校分數就像真實世界的績效考核

繼續說下去之前，我先來徹底介紹一下哈佛商學院的分數制度，因為那和一般人通常知道的學校計分方式實在大不相同，而在許多方面，也更精細的反應出真實的商業世界。

在這比較小的範圍裡，有三種分數。班上九十個人裡，有百分之十會得到一級分，也就是說，每個科目每個班裡會有九個人的成績居全體之冠，而既然課堂上的參與和期末的表現，經常各佔了分數的百分之五十，也就意味著整體來說，相較於其他八十一個人，這九個人會有最高的總分。三級分的意思一模一樣，只不過是在末端而已，換句話說，每學期班上會有九個學生的總分墊底。其他人，也就是剩下的七十二個，就拿中間百分之八十的二級分。這個邏輯和考試有沒有「及格」無關緊要；因為根本沒有及格這回事，如果每個人考試都拿到九十五分，而墊底九人的第一名是九十四分，那你還是拿到了一個三級分；你可以發表精采的評論、在考試中考出還不錯的成績，但最後要是你的成績就是比班上其他人低，結果你還是在這「曲線」的低點，並得到三級分。如果得到的三級分太多的話，可就麻煩了。就許多方面而言，這就像真實世界中的企業團體，身為領導人或經理人，經常沒有真正的對錯，沒有真正的分數來做為表現的基準點，只要在跟你的同事比較時，你的表現是相對性的差，那就表示你有機會被炒魷魚。

第一次感覺到涼意往背脊下竄，直竄過全身的經驗，至今我仍記得清清楚楚。那是我第一次看到我們學習小組的 Anila 用 Excel 試算表，為我們的財務報表管理課程做出財務報表時。看著她的雙手飛過鍵盤，短短十分鐘內，就在我眼前完成了一份高度複雜的評估預測，我的嘴都合不攏了，只因為我知道，如果要我做相同的事情，至少得花上一個鐘頭的時間，說不定還會有一大堆錯誤和計算漏洞。她那麼迅速又那麼正確，我們之間的能力鴻溝大到我真的覺得她說的語言跟我完全不同。我太清楚那股竄過背脊的戰慄對我的意義何在；那是意識到我是如此的缺乏經驗、面對哈佛商學院的準備如此不周，很可能會令我被踢出學校。

每回說起這個故事，聽的人總是問我，那我怎麼辦？我該求誰幫忙？

而我總是面無表情，用保守的口氣回答：「你還能怎樣？你還能找誰來幫忙？」

沒有人。

你應該記住，這裡是研究所，每個人都是該為自己負責的成年人，平均年齡二十八歲，而且大部分人都已經在真實世界的銀行或管理顧問業界經歷了五、六年嚴苛的壓力。碰到了問題？你自己解決，這裡不是可以去向同學哭訴，拜託他們幫你寫功課的地方。如果碰上了特別的問題，朋友和學校當然都會給予支持，可是要是你覺得壓力大，那又怎樣？每個人的壓力都很大；上課聽不懂？下課後問教授，或者自己去搞懂。害怕你上財務課會落後，而且愈來愈擔心跟不上未來的課程？那就熬夜到晚上兩點，直到弄懂了為止。沒有人在乎你的問題；因為每個人都有自己的問題。

重點是，這裡期許你人格獨立，自己解決問題。再說一次，如果你是那種希望任何事情都會處理好，討厭可能會被人甩在後頭的人；那麼哈佛商學院可是毫不留情的。

就像第一堂課就要說西班牙文的西語課

有鑒於在哈佛商學院之前，我完全不懂會計、財務，也完全沒有實際的商業經驗，進哈佛商學院至今的第一學期可以說是最痛苦的，因為我們被認為上課之前理所當然就該準備充分。我經常用以下的方式來做經驗談：

那就像是上西班牙語課，生平第一次嘗試學習這種語言，結果卻在上課前一天發現，不但得先讀好課本，做好功課，還得在第一堂課上就使用西班牙語跟每個人討論，而百分之九十九的同學已經有六年經驗。如果你在每一堂財務課前都不懂怎麼辦？學校考慮得很周到，在每晚的閱讀表上，都會有「選修的」（optional）閱讀連結，告訴那些入學前沒有接觸過財務的人，每晚多讀三十頁的一般基礎課本，經常要多花一、兩個小時，然後才開始研究案例，準備分析。對了，但要是像我一樣，對 Excel 也幾乎毫無經驗怎麼辦？學校也想到了，把 Excel 課本從三十一頁讀到五十二頁，然後自己練習。只有在做過這些事情之後，你才能開始讀你的財務案例，開始做你的 Excel 試算表。結果，有經驗的同學每晚只需準備三小時的資料，經常會讓我忙到半夜一點鐘，只因為在課都還沒開始之前，我要讀、要學的東西就多了那麼多。而如果你在隔天的討論上保持沉默的話，這所有準備的成績就是零。很簡單：沒有評論，沒有分數。

我對於必修那年最鮮明的記憶之一，是整個校園幾乎淨空、所有人都回家去，而我卻留在宿舍裡的感恩節。我在宿舍裡重讀 Excel 的課本，一遍又一遍地練習做金融模擬和表格公式到深夜，只有這樣我才能搞清楚自己在做什麼，還能夠像其他同學一樣做得那麼快。

這又回到了我經常被問到的一個問題：根據我的經驗，我會推薦在大學畢業之後或更早，比如在我這年紀就進哈佛商學院嗎？

在真正上哈佛商學院之前，我會全心全意的說「要！」何必等到你已經二十七、八歲？為什麼要等五年後再做你現在就可以打敗所有人、在兩年內就可以做到的事？有什麼問題？真的上了哈佛商學院後，你可能會多吃一點苦，但那不用擔心！

但是上過哈佛商學院之後，我的答案是這樣的：

那就要看你真正準備得如何，看你在這麼早的生命階段裡，真正想要什麼的決心有多強，以及你覺得自己的痛苦門檻與壓力承受點有多高。

如果你覺得自己可以接受上述持續不斷的壓力，以及你的年輕和比較缺乏經驗所帶來的額外痛苦，而且百分之百確定企業管理碩士是你在人生這個點上一定要擁有的東西，那就把所有人勸你不要的說法拋在腦後；現在就申請，只為了你自己而提出申請。

但如果你覺得自己還有一點點不成熟，或者對這決定還不夠確定，如果你對必須在如此年輕的時候，來這裡付出毫不鬆懈的代價感到不安的話，那麼再等幾年，直到你已經準備妥當，可能比較明智。

海上的宴會

但是學校對我們很好，這點倒是毋庸置疑，而且時間點總是恰到好處，就在你剛好覺得太累、太筋疲力竭、神經太高度緊繃的時候，接下來的星期五就會有學校宴會。哈佛商學院舉辦的宴會所提供的各式各樣葡萄酒和啤酒，幾乎都是免費的。實際上，每個月至少會有一個星期五的課後就是歡樂時光，免費提供小菜、洋芋片，還有各種葡萄酒及啤酒來讓同學們狂歡。我們常開玩笑說，學校知道我們壓力很大，為了不讓我們到校外為非作歹，寧可週末讓我們在學校喝酒，累完醉完後放鬆，就回宿舍睡覺。通常桌上或入口處會掛著大幅橫條，這一次的歡樂時光是麥肯錫贊助，要不就是貝恩或是高盛。

我們的第一個禮拜五，學校當然為新生辦了一個歡迎舞會。因為是年度的第一場宴會，九百名新生和他們的同伴都到了，學校為了讓招收到的所有新生在第一件事上就留下深刻印象，對於開銷可說是毫不手軟。

晚上九點，我們在校園內的巴士旁集合，由車子載我們到波士頓港口，那裡有一艘大型郵輪等著，保全人員在那艘大船前檢查我們的學生證。三層樓高的郵輪上，每一層都有兩個開放吧台。接下來三個小時，郵輪出海到大西洋，繞過波士頓港，直到午夜才回港。從船上望去，大都會的夜景真是令人驚豔。

當郵輪駛進浩瀚的大海時，現場的 DJ 馬上放起音樂，在大西洋舒服的九月微風中，人人開始跳起舞來，郵輪頂樓木頭地板上方的夜空星光熠熠。因為這是我們在學校所參加的第一場社交活動，大家都把握機會跳舞喝酒，跟遇到的每個陌生人握手，還是要盡量交朋友，深怕自己隔絕於這九百人之外，深恐自己不受歡迎。當你置身在擁擠的舞池中，突然不經意的仰頭一望，看到佈滿星星的漆黑夜空是那麼的安詳寧靜，瞬間真會有種短暫的神奇感動。再回到現狀，知道自己身在何處，看著幾百個哈佛學生在你身旁跳舞、大笑，在大西洋海上的一艘郵輪上。想來自己都覺得不可思議，從世界這麼多地方，從這麼多你碰得到的人當中，你到底何德何能，今晚能在這裡？等我們踏上巴士，回到宿舍，已經接近凌晨一點了。

幾個月後的萬聖節派對也一樣，一樣在波士頓外海大西洋中的一艘郵輪上，只不過每個人都換上了不同的道具服裝。這一次就並非每個人都參加了，有些人或許已經厭倦了又是另一個社交聚會，有些人想要休息一下，有些人則是真的累了。在萬聖節派對快要結束之際，我發現班上的同學大都喝醉了。我們手拿著啤酒，圍著大圓圈，跟每個人擁抱，大口喝酒，大聲唱著我們的班歌。有趣的是，每場宴會最後幾乎都是用這樣的方式結束，總是會發現大多數同班同學都喝醉了，大家都在一起喝酒唱歌，我甚至無法跟你說有多少的友誼就是這樣建立的，又有多少同班成員就是在這樣的氣氛下開始說第一句話。我們就像部隊裡同班接受基本訓練的同袍，在放假的數小時中高歌熱舞。

無盡的壓力

記得我們第一次禮拜五的郵輪之旅，巴士上我是坐在 Cathy 旁邊，她看起來很累，我問她一切還好嗎？她說學校的課業真的很重，但是我倆也都認為沒有我們想像中的那麼累人。我的想法是：拜託，這是哈佛，這是它的商學院！在我們周邊的，可都是來自全世界各國的好手！我們本來就應該很累才對。

但在那時候，似乎不像我們想的那麼糟。到目前為止，起床、上課，在課堂上討論，之後，下午三點時回到宿舍，可以有一整天時間來研讀和準備另外的三個案例，就是這樣不斷的重複。是的，完成案例研究，在課堂討論的壓力的確很大，但是，每個學校都是這樣。不，我們同意哈佛商學院很累人，但沒有我們原先想的那麼糟。

幾週後，學校很快又再次舉辦大型宴會，在前往會場途中，我又和Cathy坐在一起。這一次，我們兩個看起來都累了，一副如果可以選擇，寧可不去宴會，乾脆待在宿舍裡睡覺的樣子。但是，不行，如果不面帶笑容走出去，你可能會感覺自己像個輸家，像個弱者。在這裡，不參加社交活動，會讓人產生很多聯想，簡直就像種罪行，像付了昂貴的學費而不去上課一樣。

「你快樂嗎？」Cathy皺著眉頭問我。我想了一秒鐘，進哈佛商學院整整一個月之後，我想是的，「不，我不快樂，但是我也不是**不快樂**。」我緩緩地回答。

開學一個月後的一場大型宴會「賭博之夜」（Casino Night），可以看到許多同學都已經有家眷

「我認為我不快樂。」Cathy 回答。「難道你不覺得每天都很累？這種壓力好像都不會不見似的？這些日子，我好像什麼事情都不想做，好像只想睡覺，只想擺脫掉所有的事情，但是我又不能。」

那時候，我並不是百分之百確定她的意思，但是兩個月後快接近期中考時，我就完全明白她的感受了。

這段對話最能表達我在哈佛商學院前幾個月每天的壓力和焦慮，就是從來沒停過。我總是告訴台灣的同學，在哈佛商學院每天的生活就像在台灣的期末考週一樣。台灣的大學生在學期末的最後兩週，每個人都讀書讀到像瘋子，可能讀到凌晨兩點，隔天醒來考三個小時的試，下午休息一個鐘頭後，又繼續讀到凌晨兩點。不斷重複，再重複，直到兩個星期後，大約考完了八科，然後你就自由了！自由的去過寒假，自由的去過暑假。

你艱苦的熬過去，因為知道幾天過後，幾場考試之後，一切都將結束。所以，那幾天即使再怎麼累，都還好；一晚只睡四、五個鐘頭，也還好。因為幾天後，你想要怎麼睡就怎麼睡；如果你覺得很累，但對考試有絕對把握，甚至可以選擇翹幾堂課，待在家裡補眠，再利用其他時間來讀書。

這裡就不可能。**在哈佛商學院絕對不能翹課，不能遲到，上課中不能打瞌睡**。每個人都專注的看著每個人，在一堂課裡，有九十雙眼睛總是注視著彼此，也注視著可能下一秒鐘就「冷酷點名」到你的教授，甚至連打呵欠都很危險。在哈佛商學院最艱鉅的事，就是每一天都像台灣的期末考週那樣；就是永無盡頭。你今天覺得很累，因為昨晚很晚睡？那就糟了，你明天還有三個案例要準備。生病了，不想讀書？門兒都沒有，這裡不像其他地方可以把功課延後，之後再趕上來就好，你一定得在上課前做好所有準備。不像其他地方，只要在**課後**複習老師課堂所教的，或充其量，只要在課堂聽，不需要事先做任何功課。事實上，在這裡你**一定都要**在上課前準備充分，如果你沒有在三堂課中的一堂發言，那你就麻煩大了。如果你繼續在其他課堂上保持沉默，壓力的累積可是會很快很快的。

日復一日，這種強度從來不見緩和。基本上這十五週，週週都是期末考週，工作量和壓力只會愈來愈多。第一個月時，我們都認為沒有原先想的那麼吃重，但是隨著一週週過去，工作量逐漸加重。你開始會有幽閉恐懼症，像是無止盡的夏令營惡夢，看不到盡頭，也看不到出路。

第一學期的壓力在期中考時到達巔峰。那時我們還在調適學校的生活，仍然企圖找出更有效研讀案例的方法，每晚還必須擠出額外的時間來準備五科期中考，感到壓力重重。當時，我每晚平均睡五個小時。但是提醒一下，哈佛商學院根本不會給溫書假，你要自己想辦法同時研讀案例和準備考試，也理應如此。

我永遠不會忘記考試前幾天的某個情景，當時我坐在教室，準備好開始另外三個案例。我的同學陸陸續續走進來，坐在我前排的女孩問坐在我左邊的女孩：

「昨晚睡的如何？」

那時我雖然每天累得要命，也經常滿眼血絲，但仍舊睡得很好。

「很好，」她興奮的說：「感謝安眠藥，太有用了。」

我轉過身過去看她，想知道她是不是在開玩笑。但她看起來非常認真。

「我就說嘛！」另一個女孩回答：「我已經服用了好幾個禮拜，對我很有效。」

聽了之後，我感覺舒坦許多。

就在同一天，班上有半數的人感冒，整天都聽得到咳嗽聲此起彼落。後來才從選修生那裡聽說，根據哈佛商學院的傳統，第一學期接近期中考的時候，整班幾乎每一個人都會生病。一旦某個人感冒，不用多久，每個人都會被傳染，因為當下根本沒有人敢翹課，以防錯失發言的機會。

那天下午上課的時候，有一瓶泰諾（Tylenol）先在我那排傳來傳去，之後傳到下一排，慢慢就傳遍了全班。只要有感冒的人就會打開藥瓶，吞下一顆藥丸，然後再傳下去。這種景象，沒在哈佛商學院親眼看到，你絕對不會相信。

但就像生命中的任何事情一樣，凡事皆有例外。當然有少數幾個同學總是冷靜的，總有充分的準備，有些是銀行家或風險資本家，以前就曾經在數百名股東面前講話，說服有錢的客戶投資數百萬美元。這些有經驗的同學通常冷靜的到課堂上來，輕鬆回答教授的詢問，一滴汗都不會流。即使在哈佛商學院，還是有好像從來都不會擔心、不會緊張、不會焦慮的人。

精準的資訊科技服務

但是哈佛商學院提供學生令人大開眼界的資源，大大弭平了這些壓力，哈佛商學院的資訊科技服務，實在令人嘆為觀止。

早在正式開學前幾天，每個人都會拿到了一個帳號，可以登錄哈佛商學院校內名叫「我的哈佛商學院」的網站。九百個學生，只要一登錄上去，每個人都會受到歡迎，進入專屬的個人網頁。網頁上提供了哈佛商學院學生所需的全部資訊。全部，毫無遺漏。網頁左上角有學校近期活動的公告，包括可以連結到學校那一整天所有演講的錄音，萬一你沒能參加，就可以下載。右上角則連結到我的校內行事曆，這學期每天的行程都已經列入我的行事曆，包括上課地點、會使用到的案例，還有，萬一你的原始文件掉了，也可隨時下載和列印。教授的名字、上課的座位表、甚至每個學生的相片都找得到。「哈佛商學院班級卡」(HBS Classcard）上，有同學的聯絡資料、來自哪個國家、背景和學歷，每個哈佛商學院的學生都搜尋得到。左下角是哈佛商學院在一般媒體上的新聞，右下角則是討論版，甚至有哈佛商學院同學買賣物品的告示板。頁首可以連結到每個職員的辦公室，還有個校友資料庫的入口網站，可以隨意搜尋七萬名遍及世界各地的校友。另外還有一個聯結是提供就業服務，那裡有近三十名全職的職涯教練（career coaches），都是各行各業響叮噹的人物，任何時間都可以跟他們預約，安排四十五分鐘的會面，他們會在找工作上提供協助，從決定我們可能對哪個行業有興趣、面試模擬，到最後的薪資協商。

學校的資訊科技服務向來都很精準，住在宿舍的同學常開玩笑說，只要我們人在校園裡，學校就能夠準確的知道我們在哪裡，在做什麼事。事實上，每當我沒課，或正在房間考期末考時（學校允許學生這麼做），很神奇，我的宿舍內務員（哈佛商學院的宿舍全都有內務員，每天來倒垃圾和清理房間）那天就不會出現，而平常她會在我早上去上課時打掃我的房間。之後，等我考完試，出去幾個鐘頭回來時，房間又已經打掃乾淨了。

正當我考完最後一科期中考，放下了筆，想著我可以暫時休息一下，喘口氣，就在我們班上同學站起來整理好包包，打算那天都不再踏入哈佛商學院校園的當下，門開了，幾位就業辦公室的職員走進來，就在我們大聲抱怨著重新坐下時，他們的主管開始解釋：

「恭喜你們考完了期中考，今晚回去好好享受得來不易的休息，因為明天校園徵才活動即將展開。從明天開始，各家想要聘用暑假實習生的公司會到學校來，你們一定要擺出最佳狀況。」

我們彼此看了一眼，面帶疲倦和懷疑，就不能有一週的休息時間？這樣的時間點感覺真的像學校計畫性地要把我們的潛能激發到極限。

壓力指數不斷升高

稍後，在經歷日復一日的痛苦之後，我們才漸漸明白她的意思。在剩餘的七個月裡，從明天開始，全球幾百家要雇用暑假實習生的公司會在校園舉辦徵才活動，平均一天會有多達十家的公司。例如下午三點開始，會有五家不同的公司，同時在不同的教室舉辦公司簡介，然後四點又會有四家，六點鐘麥肯錫公司會在四季飯店免費招待一頓豐盛的晚餐。但是相信我，那種新鮮感很快就不見了。

想想看：在那個時候，我們還把大部分的餘暇都用來準備第二天的案例，卻又被期待應當把參加這些徵才活動當成首要之務。那也意味著之後任何一天，我可能要在下午三點下課，衝回去放下東西，再衝出去參加三點鐘舉行的公司徵才活動，四點衝回去換上我最好的西裝和領帶，再跑回來參加高盛大中國地區辦公室舉辦的歡迎晚會，十點回到我的房間後，才能開始我的三個案例，再跑一下 Excel 做試算。

你別期待在這些哈佛商學院的說明會中，可以靜靜的聽，靜靜的離開。這裡可是商學院，站在你面前的這些人可能就是幾個月後要面試你的人。所以在說明會結束後，每個人當然都會跑去跟他們要名片，試著聊聊天，問一些聰明的問題，希望他們能記住自己。即使在四季飯店吃飯的時候，到那裡去也一直有個理由；試著和坐在你桌子對面的麥肯錫香港區主管聊上天，或是試著和在晚宴廳角落的奇異公司人事主管握手寒暄一下。

有個夜晚我永遠都不會忘記：在一家高級飯店，我站在一群人中間，圍著一家重要顧問公司的老闆。Cathy 和 Gina 也站在我旁邊，聆聽他的發言，那時已經晚上九點鐘，我都快累垮了，背也因為站得太久而痛的不得了。我手上拿著酒杯，試著站直，試著對他關於亞洲將會度過這一波金融危機的預測露出很有興趣的樣子，這個主題我已經在其他一百萬次的晚宴中，聽其他的顧問公司講過一百萬次了。

我清晰記得，當時我仰望著宴會廳的天花板，試著伸展背部。那一回從頭到尾，我能想到唯一的一件事是：我必須趕快回去；我必須在十分鐘後離開；明天的三個案例我都還沒讀到半個字。如果明天教授冷酷點名到我，我會死的很慘，因為我已經一個星期沒在課堂上發言了！我現在就得回去準備，因為明天我一定要講到話！天啊，就明天一天，我可以翹課嗎？我可以說我生病了，或者就像在大學一樣翹課？或是我賭一下，只讀一、兩個案例，打賭明天我不會被叫到？這樣我就可以早一點睡，明天好過一點。挫折、無力，感覺自己會被徹底的打敗。

在內心深處，我知道自己不會冒這個風險。

我會撐到凌晨兩點，撐到我準備完所有的案例，除此之外，別無他法。

幾週後，同樣的事情又再度上演，這一次因為接近期末考，情況比上次更糟。那時候我們一天不只要讀三個案例，要參加徵才活動，還得理所當然的把準備期末考**擺在第一位**。

再一次，某天下午下課後，門開了，這一次走進來的不是就業辦公室的職員，而是學生輔導室的職員。他們解釋，根據私下統計，每十一個哈佛商學院的學生，就有一個罹患憂鬱症，這幾個月正值高峰期。如果你需要找人聊天，記得要找人談談，學生輔導室的職員隨時都在。不愧是企業管理碩士風格，他們甚至用 PowerPoint 來強調，根據他們估計，未來的幾週，一直到寒假，每個哈佛商學院學生的平均壓力指數會逐漸攀升。

如果不是發生在自己身上，這些影像，這些在哈佛商學院以高張力戲劇性、異乎尋常的方式所呈現的事件，幾乎可以說是好玩的。但那個時候，可沒有一個人笑得出來。

從那個月起，一直到必修的第二個學期，一直到我終於找到一個暑假實習工作，並簽下合約，我在哈佛商學院的每一天都是這樣兢兢業業的度過。學校彷彿計畫性的要激發我們的極限，每次在我們終於調適好步伐，在被拉回來摸摸頭得到安撫之前，就又會被推向另一個轉捩點。

及時雨的班級旅行

在期中考一個禮拜後，我們班去度了第一次的假，時機恰到好處。那時候，你感覺得到每個學生都繃得那麼緊，每班都被逼得那麼凶，以至於每個人都想逃。我們班的第一次旅行，你終於有機會坐下來，好好跟同班的人聊聊功課和學校以外的東西。

我與人共乘的車子很晚才到達飯店，班上的活動代表已經幫我們把波士頓往北約三小時車程的一間休閒小飯店整個包了下來。在寒假旅遊旺季，那是個很棒的滑雪地點。但是我們班的旅遊是在十月，還沒有下雪，因此整棟飯店都供我們使用。

我們到的時候已經接近午夜，我們在車上開玩笑說，等我們到達時，每個人八成都已經睡得七葷八素了。結果我們一走進飯店大廳，立刻聽到音樂吵雜、人聲鼎沸，到處都是我們班的同學，跳舞、吼叫、玩啤酒遊戲，人手一杯飲料或雞尾酒之類的東西，有人甚至拿著啤酒就跳進外頭的按摩浴缸。那夜大

哈佛商學院的制服

我們大部分的人，包括我自己在內，對於走在校園裡的選修生有種私人的嘲弄厭惡感。在開學後的前幾個月裡，你經常可以輕易分辨出誰是選修生，因為為他們總是穿著哈佛商學院的黑色V領衫班服。

我必須介紹一下哈佛商學院的V領衫，因為它們就是哈佛商學院的制服。進入哈佛商學院兩個月後，SA，也就是學生會，會讓你選擇是否要購買有哈佛商學院標章和你班別字母的V領衫，V領衫是黑色的，白色的字母和標章繡在左胸前，連你的伴侶也可以購買。因為

我身上穿的就是哈佛商學院的黑色V領衫

這些V領衫要在第一學期後半段才會到貨，所以前幾個月裡，只要看到有人穿著V領衫走在校園裡，那他們一定是選修生。

我們要開玩笑說我們討厭他們的原因是，跟我最初幾個月所受的折磨相比起來，選修生上的似乎是一所完全不一樣的學校。他們似乎比較輕鬆，一天到晚跑趴或參加社交活動，似乎也不必煩惱成績或課程的參與度。有一個選修生甚至還告訴我，前一天晚上，他居然打電動打到睡著了，凌晨三點醒過來時，遙控器還在手上，遊戲還繼續著，於是他就繼續打下去。

我們要一直等到自己也當了選修生，才會知道必修生和選修生的生活方式有多大的不同，但是幾個月後，我們自己的V領衫也到了。這些衣服穿起來很舒服，而且因為是黑色，幾乎什麼衣服都能搭。之後，只要有人一早起來不知道要穿什麼，就會一把抓起V領衫出門。

家狂歡到很晚，跟著喧鬧的音樂跳舞，直到人人都醉了，才回房休息，我自己也是到凌晨兩點半才回到房間。

在哈佛商學院經歷了疲憊的第一個月和第一次期中考後，那個夜晚我們都到了轉折點。那個週末，由於大部分人都爛醉如泥，許多社會藩籬也不見了，在那幾個小時，我們就是一家人。疲憊再加上一杯在手，我們再也不用擔心別人會怎麼看待我們，別人會期待我們有什麼樣的表現，隔天上學後，學校裡的每個人又會用什麼眼光看我們。那兩個晚上，我們都累了，對哈佛商學院也感到厭惡，很高興大家聚在一起，遠離學校。第一次班級旅度假回來後，大部分的人，包括我自己在內，都產生一種寧靜感和歸屬感，好像我們終於知道我們不只是同學，還是真正的朋友。我們知道我們都是 A 班的成員。

那個週末我們都起得很晚，我到中午十二點才醒來，下午一點才離開房間，披薩已經在大廳等著我們。之後有些同學在沙發區下棋或打牌，或幾個人揪團到附近的森林去散步。晚上，我們再聚在一起吃飯，跳舞、喝酒、灌醉的另一夜戲碼再度上演。整個週末，甚至有同學整個白天就是東西吃個不停、啤酒喝個不停的度過。就是那樣的度假，我說的一點也不誇張：這正是我們需要的。

第一學期在黑領結派對中結束

第一次需要打黑色領結的哈佛商學院活動，是在波士頓商業區的六福皇宮飯店（The Westin Hotel）舉辦。那時候我們大部分同學沒有燕尾服，但是因為預想學校每學期至少都會舉辦一次打黑領結的正式活動，所以許多同學就特別為這次活動去買了燕尾服。結果在這活動的前幾週，信箱裡就收到最老牌的一家哈佛大禮服店寄來的廣告傳單，數十年前，約翰・甘迺迪就是因為急用，而在這裡賣掉他昂貴的燕尾服，我班上大多數同學也在這裡買燕尾服。幾週後，我們就要參加了生平第一次的黑領結派對。

就在這個夜晚，我確定許多人頭一次在同一個句子裡聽到「哈佛」和「企業管理碩士」時，會聯想「光鮮亮麗的哈佛商學院」的刻板印象是什麼。而那晚確實也沒令人失望。

波士頓的六福皇宮飯店腹地廣大，是真正的五星級飯店。你可以想像當我乘電扶梯到二樓，看到一排又一排的保全人員站在那裡檢查我們的哈佛學生證，並擋掉一般大眾進場時，我們有多驚訝，再次感覺自己像專屬俱樂部的會員。外套檢查完後，就讓我們享用吧台與開胃菜，半小時後，每班同學會上樓到用餐區，在不同的廳用餐，他們真的想辦法預訂了十個廳，每個廳都大到可以容納九十個人加上他們的伴侶。主菜有三道，期間還放映班上同學在過去幾個月裡一起經歷的照片與紀念時刻。用餐的廳也很壯觀，有著高高的天花板和長長的窗戶，正對波士頓的商業區。在同學們穿著禮服和燕尾服的晚上，看著窗外波士頓城的燈光一路閃爍在天際，這時的波士頓夜景真是美極了。這是我的第一場黑領結正式活動，當我往飯店的窗外看，看到了自己和我盛裝的哈佛同學的影像，以及我們剛用過的晚餐，能置身在這裡，我深感幸運與榮幸。那種心情幾乎伴隨著一股刺痛，直下脊椎，也就是有時當你思索著自己是否真的掙到、也配得上這一切，伴隨著罪惡和不安感而來時會有的那種感覺。

晚宴後，樓下的大型舞池開放，真是超大的，大到像小型戶外運動場，兩頭都有著開放式酒吧和甜點桌，舞台上的DJ放著最流行的音樂。因為已經接近聖誕節了，有些人會花上幾分鐘走到大廳，和聖誕樹拍幾張相片，然後就坐在那裡享受一下過節的氣氛。再一次，我不禁猜想，當我變老，三十年，四十年後，對於生命中的事我還能記得多少？我常想要是我忘了大部分的事，那生命又算什麼？

當我坐在六福皇宮飯店大廳的沙發上，聽到我的同學在另一個廳跳舞、歡呼，看著二〇〇七年十二月的波士頓天際線時，我知道，今晚，另一個第一次「哈佛商學院經驗」將成為我往後一輩子會牢牢記住並珍惜的回憶之一。我們全都做到了，第一個學期已經結束。

台灣校友會

聖誕假期的首度回台之旅，標記著第一學期的高潮與結束。降落到台灣之前，我已疲累不堪，也急於離開哈佛商學院。此外，今年冬天也將是我第一次以哈佛商學院現任學生的身分，參加台灣哈佛商學院校友會所舉辦的一年一度說明會，告訴有興趣的人如何申請哈佛商學院。

台灣哈佛商學院校友會和台灣哈佛校友會是不一樣的，而且好像是獨立運作。我所參與的每一個校友會活動，或見到的每個校友都是透過哈佛商學院校友會，而不是哈佛校友會。在哈佛商學院的歷史中，來自台灣的學生只有五十多名，再加上有許多畢業生留在美國或在亞洲其他地區工作，哈佛商學院在台灣的校友會只是個小團體，卻很親密。

每年他們都會自掏腰包，義務在晶華酒店舉辦哈佛商學院說明會，幫助那些有興趣念企業管理碩士的專業人士，在就業生涯初期申請進哈佛商學院；另一場說明會則在台大校園舉辦，主要是針對大學生。申請哈佛商學院的那年，我兩場說明會都參加了，兩場對我的申請都頗多助益。啟發了我essays（申請論文）的靈感，讓我用另一個角度去思考申請的過程，更重要的是有機會接觸哈佛商學院的校友。其中有一位，我完全是突發問他是否可以幫我校對 essays，他在連我是誰都不知道的情況下，竟然同意了。今年，我剛好有機會可以親自跟他道謝。

因為我回台灣的時候已經是二〇〇七年年底，所以錯過了第一場在晶華酒店舉辦的說明會，但是在台大辦的第二場說明會，我終於能夠到場幫忙。這是我的母校，不過一年前，我還只是一個參加者，一邊聽一邊快速做筆記。我很高興回到這裡來，想到身為去年數百名參加學生中一名的我，在不到一年後的現在，已經和不過幾個月前，我還急著跟他們要張名片的校友們坐在一起，就有種超現實的感覺。

當天的校友有 Angela，她是台灣嬌生公司總經理，有台灣中磊電子的創辦人和總經理 James，還有其他許多人，像是麥肯錫公司的顧問、家族企業的經理人等等。還有 Julian，他之前是台灣 ebay 公司的總經理，目前在德意志銀行上班，也就是那位我欠了特別人情的人。就在一年前，我以一個興趣高昂的學生身分，參加了這樣的說明會，之後還上前要了他的名片，以備不時之需。而在寫 essays 時，我也寫電子郵件給他，請他給我意見，每次跟他連絡，他一定都會親切的在一天內回信給我。幾個小時之後，我提醒他這段往事，並向他道謝，但他只是笑一笑。這個世界真的很小；那晚稍後我得知 Julian 和我在瑞士銀行期間的主管曾經是同事，同時又得知一位哈佛商學院校友的妹妹隔天就要嫁給我瑞士銀行的同事。在台灣頂尖的企業管理碩士圈子裡，世界實在很小。

Gina、Hyde 和我跟校友們自我介紹後坐下來，接下來的三個鐘頭，則把自己介紹給坐在禮堂裡的數百名學生，描述我們自己的背景和經歷，秀一段由學校提供的哈佛商學院經歷影帶，解釋為什麼我們可以申請到哈佛商學院，接受學生可能會有的任何疑問。整個晚上，當我在觀眾席中看到我之前的大學朋友、社團現在的社員，以及來支持活動的大學生，還有在擁擠的禮堂回答那些直接問我問題的學生時，不得不為這世界在一年內可以改變這麼多而感到訝異。不過一年前我才坐在觀眾席裡，現在環顧四周，看著那些圍繞在我身旁的人，我仍然不敢置信，這似乎是超現實的經驗。

說明會結束後，群眾中的每一個人都可以上前來詢問連絡方式，或提出更多的問題。十點前，James 回來載我們，大夥兒要一起去吃宵夜，算是對哈佛商學院新成員的歡迎儀式。

當我們走出剛剛舉辦說明會的台大行政大樓時，沿途還在回答他們問題，送上名片，卻驚訝的發現一排 BMW 和賓士的車隊早已經等在那裡，頭燈亮著，引擎開著，司機耐心的在車旁等候著。這些車是某些校友的，其中有許多是公司的董事長或老闆。幾秒鐘後，我們就被指定坐上哪位司機開的哪輛車，我迅速的跟那些來參加說明會的大學同學說再見，疾馳向宵夜，車上校友坐在前座，車子一邊開往我們要去吃飯的餐廳，我們一邊向他們描述學校最近的發展情況。

昂貴的香檳端上桌，接下來的兩個小時，我們邊吃邊以輕鬆的方式介紹自己，聊得更深入。校友輪番聊起他們幾年前、甚至有的已經是幾十年前在哈佛商學院裡的故事。他們給了我們名片，提醒我們若有任何需要，或者再度回到台灣時，務必跟他們聯絡。他們付了帳，我們坐進司機耐心等在飯店外頭的車子裡，他們祝福我們好運連連，希望下次再見，或許是明年吧。

那晚在回台北歇息處的途中，我仍試著消化這件事：不過幾分鐘前，我還與那些對我而言似乎太遙遠、象徵著根本難以觸及的理想人物比鄰而坐。

就數字上而言，在參加哈佛商學院舉辦的說明會的人當中，每年大約只有一位能夠申請進入哈佛。

總之，那晚的宵夜對話非常溫暖，他們的歡迎非常誠懇，而如今我也已經算是身在其中的生活方式，更是讓我大開眼界，這是我對台灣哈佛商學院校友的第一印象，象徵著我生命中另一個舞台的起步。

第三章

現實世界來了

我滿心緊張與擔心的開始了第二學期的第一天，課才剛剛開始而已。開學前就緊張是對的，因為就在開學前幾天我接到了成績單，成績不如預期，有幾個三級分。最重要的是，那意味著不管有多累，我每晚花了幾個小時努力想要趕上財務、會計或資訊技術課程的進度，在新的這一學期，我甚至還得更努力一些。

一言以蔽之，不管上學期多累，即將到來的這一學期最可能發生的情況，就只是會讓人更加疲憊。

但首要之務，我得搞清楚要如何改進，於是跟上學期領導與管理科的教授碰了面。新學期的第三天，我與凱普蘭教授（Professor Kaplan）相約在史班勒館二樓的私人研究室碰面。凱普蘭教授願意和每個想要向他尋求建議的學生見面。

結果，我需要改進的地方竟然簡單到不行。從頭到尾，儘管我覺得自己在課堂上說的已經夠多，不過還是需要再多說一點。我發表的評論經常是個人的看法，或僅是提出我的個人論點，在主要的論點後，缺乏後續說服的推論理由或支持這個論點的事實。這種演講功力會隨著時間增長，只要持續學習下去，我的信心、洞察力和原理的闡述能力都會成長。還有最後一點，在期末考卷上，我花太多時間描述問題。

我說我過去是個作者和記者。

「那就是問題所在了，這是個商業世界，大部分經理人並不想要看描述問題的長篇大論，他們想要的，是盡可能在最短時間內知道問題所在，誰該對這個問題負責，以及你打算怎麼做？簡言之，你只是年紀比較輕，比較不習慣企業界的模式，你不會有事的。」

教授一路送我出了史班勒館，然後給我私人聯絡方式，要我如果有任何問題，或只是想談談也行，任何時候都可以跟他連絡。此外，他又說了一次我沒事，說許多哈佛商學院學生都是這樣，很正常，只是沒有人掛在嘴上。

離開的時候，我的心情與腳步都輕鬆了許多。

地獄週

必修的第二學期和第一學期相當類似，這學期的課是：策略、中級財務、協商與談判、創業經理人、LCA（代表領導與企業課責），以及BGIE（代表企業、政府與國際經濟）。除了課程是由不同教授教的，其他的程序、分數和課程討論的機制大致相同。

不過，還是有個天大的例外：

地獄週。

寒假的時候，我們真的開始尋找暑期工作。在第一學期參加公司餐會和事務所說明會的幾個禮拜後，就是我們向這些公司求職的正式截止日，時間大約在寒假。寄出求職信後，我們就回到學校開始第二學期的課，看看哪家公司接受我們的求職，提供第一輪的面試，第一輪要是通過了，緊接著就要投入第二輪的面試。在那之後，往往要飛到紐約或舊金山去進行最後一輪的面試，最後這一輪經常得和世界上頂尖的商學院學生競爭。

大家都假設哈佛商學院的學生可以輕鬆取得工作機會；認為最好的商學院學生在求職和面試上不用擔心，也不會有壓力。實際上並不是這樣，尤其在金融海嘯的這一年求職時，特別明顯。

簡單的說，景氣好的時候，一家大型顧問公司或銀行，光是從哈佛商學院就可以雇用好幾十名學生。四周有這麼多的機會，悠閒走在校園裡的哈佛商學院學生，手頭當然總有三、四個工作機會。然而在景氣不好時，如果Google今年只提供三個名額，但哈佛商學院的學生隨時都有九百個，那會怎麼樣？說不定會有一百個哈佛商學院的學生同時求職，為這三個職位互相廝殺，而這，還沒把其他頂尖商學院的可能競爭者計算進去。不，在「下坡」時期，連哈佛商學院也經常會為了幾個相同的職位互相廝殺。

地獄週落在一月下旬。基本上，學校會停掉這週所有的課程，好幾百家今年想從哈佛商學院雇用新兵的事務所都會到哈佛商學院來舉辦面試。有些面試在校園中舉行，不過大部分還是會在附近的飯店房間裡辦。你自己去查詢他們的時間和地點，如果得到面試的邀請，就在他們有空的欄位上簽名。平均來說，一個哈佛商學院的學生在開放週裡，會有七場左右的面試，全靠你去準備、安排與穿出最棒的自己，不斷的從這家飯店房間衝到另外一家，看起來要一直光鮮亮麗又充滿自信。你往往會在第一輪面試的幾個小時後接到通知，請你隔天去做第二輪面試，而你隔天自然會再去，準備了一場接一場的面試一週以後，九百名同學中幸運的三分之一可能早早便得到暑期工作機會，這學年剩下的日子大可以自在的呼吸了。

剩下的人，儘管地獄週已經正式結束，但是最慘的部分才剛開始。我們恢復上課，而現在每個晚上的首要之務，是得多花幾個小時去搜尋對我們有興趣的公司，並透過校友資料庫，找出在那些公司上班的哈佛商學院校友，跟他們連絡，請問他們能否花幾分鐘的時間跟我們講一下可能有空缺的工作職位。地獄週是結束了沒錯，但在哈佛商學院，除非拿到工作才算完全結束，否則輕鬆不起來。

另一種眼光看紐約

也是在這個時候，我首度從一個真正「企業人」的視野來體驗紐約市。紐約市我當然去過，但以前總是和朋友同行，到那些知名的景點玩，看聞名於世的表演和逛逛商場，不過哈佛商學院讓我看到紐約大不相同的商業面。這學期我和城內幾名傑出校友保持網路上的聯絡，而在為期三個月當中，已經和赫氏出版集團（Hearst Publications）的總裁在他們面對中央公園的漂亮總部頂樓見過幾次面，做了一次哈佛商學院紐約媒體之旅，造訪了Google紐約辦公室、MTV在時代廣場上的總部以及相差只有幾個路口的HBO總部，並且和哈佛商學院學生及校友一起到肉品包裝區的夜店去混。

那也是我第一次在雜亂擴建但歷史悠久的紐約市哈佛俱樂部（Harvard Club）裡吃早餐，這間像是古老宅邸的俱樂部只招待哈佛畢業生。和在城中人行道上閒晃的觀光客完全相反的是，以一個企業人士的身分去體驗時，紐約市看起來就變成了一個相當不同的地方。哈佛商學院證件就像某種護照，帶你通往最知名的聚會和最傑出的人士，特定的那些門和祕密通道原本都是關上的，現在全打開來歡迎你。

哈佛商學院媒體之旅持續了三夜，第一晚我下榻列星頓（Lexington）和第五十九街口的旅館。因為那天下午我是哈佛商學院下課後就直接來紐約，所以就像一般學生一樣穿著牛仔褲和T恤，沒有人太注意我。

兩天後，我起了個大早，換上我最好的西裝，再加上大衣，因為早上我和赫氏出版集團有另一個約，下午在一家很時髦的蘇荷lounge裡，還有另一場校友聚會，我是為了下午做這樣的打扮。

想不到我一走進大廳，馬上引起服務生的注意，主動說要幫我提手提箱，又說要幫我叫計程車。赫氏大樓只在幾個路口外，所以我兩項都婉拒，但還是禮貌的微笑道謝。當我走在熙攘的紐約街頭，一手提著公事包，一手端著咖啡，尤其是抵達赫氏總部之後，接待員馬上站起來接過我的外套，幫我送上水和點心時，從五十二樓往外看著中央公園的我心裡不禁想著：從不同的角度看出去，世界真是大不同。當在會議室的我轉身，而總裁走進來接待我時，我又默默的謝了哈佛商學院一次，並提醒自己：即便像是這樣的經驗，或者說特別就是這樣的經驗，正是企業管理碩士教育的精髓之一。

最糟的找工作時機

二〇〇八年春天是極不利於找暑期實習工作的一段時間，市場剛剛崩潰，我們周遭的一切都不斷快速往下滑。景氣好的時候，到地獄週結束時，班上絕大部分的人可能都確保有暑期職位，有些人大概還會有好幾個工作機會，但這一年不同，由於雇用的公司減少，加上哈佛商學院等級的暑期實習月薪在七千美元左右，顯然我們就是太貴了。

如果你是哈佛商學院裡最年輕又最沒有經驗的學生之一，那麼二〇〇八年春天是找暑期實習工作更糟的時機。原因很簡單，經濟不好時，大型顧問公司可能只請五個人，而不是往常的三十個。光是哈佛商學院一所學校，就可能有一百名求職者，如果你今年要請的人少了很多，外加希望雇用他們的風險降低，那麼誰對你的價值比較高？三十二歲，有近十年跨國工作經驗的人？或是二十五歲，工作經驗不到兩年的人？經濟好、職缺充足的時候，光是哈佛商學院本身的名號，無論年紀多大或多小，人人都極有可能保證能收到近三個工作機會，年紀不頂要緊，但是經濟狀況不好的時候，光在哈佛商學院就有九百個人，追求同一份工作，爭取同一家公司，本質上就是互相扼殺對方的機會時，對於哈佛商學院年紀較輕的學生就變成了嚴重的不利。

因為我沒有多少經驗可以用來判斷，也不完全確定自己對哪個部門有興趣，於是就在許許多多只要不是真的很討厭的產業當中找實習工作。我向顧問公司、房地產、媒體和精品業求職。總的來說，到暑期實習工作求職的尾聲，當我終於和兩位雇主簽下合約時，我大概提出了近四十份不同的求職函，結果只接到了五個面試機會，而我肯定不是唯一的一個。二〇〇八年夏天，人人都推測哈佛畢業生找工作沒有什麼好擔心時，我們聽了都大笑，因為每個人都說經濟不好對我們應該沒有影響。

有，有影響。大部分人都忘了，因為我們比其他員工昂貴，所以在人事縮編時，我們有時就是最早被請走的一批。還有，光是哈佛商學院學生就有九百人，會為了一個工作相互廝殺，二〇〇八年對所有正在找工作的學生而言都是壞年頭，哈佛商學院也一樣。

到了三月末，我還沒有找到一個暑期實習工作，春假在幾個禮拜後就要開始了，之後便接近學期尾聲。到那時，或許九百名學生當中，有百分之六、七十都已經拿到了工作機會。我開始擔心起來。

在班上的滑雪旅程出發前三十分鐘，我終於得到了一個機會。幾個星期前，我大約送出了十封電子郵件給任職於不同公司的哈佛商學院校友，這些公司都是我有興趣的，有些回了信，有些沒有。上個星期，一位十年前畢業的校友 Evan 回信說我這週該找個時間給他打通電話，他也在我打包的最後幾分鐘時回了電話。

電話很短，最多只講了大約十五分鐘，結果他也是 A 班的，只不過是十年前的 A 班。我們聊了一下哈佛商學院，他在這裡時的情景，以及學校裡的新發展，然後我就直接說明我正在找暑期實習工作，那是身為哈佛商學院校友的他知之甚詳的。我提到我一直都是 Polo Ralph Lauren 產品的忠實愛用者，擁有不少他們的東西。要是可能，在 Polo 實習對我來說，會是個完美的機會。我問，不曉得他或公司其他人，那年夏天有沒有在找企業管理碩士的實習生。

他的答案也出奇直接，他本人現在正是紐約市眾多旗艦店之一的總經理，他說他或許可以提供我一個暑假實習的機會，了解如何經營一家員工七十人的旗艦店，並取得在流行、奢華精品及零售業的內部訓練。他問我知道他的店在哪裡嗎？巧合的是我之前確實去過那家店。他請我安排下次到紐約時跟他碰個面，我照辦了，幾個禮拜後我們在店內碰了面。他在店內的 Ralph Lauren 家居部門面試我，我們兩人坐的展示沙發每張都要五千美元。這次的面試也很簡短，大約只有三十分鐘，而且大部分時間都花在分享哈佛商學院的故事。既然他是這家店的總經理，對我而言最棒的事情，就是他本人即可決定雇用我的整個過程，這家店有自己獨立的收支系統，所以只要他能讓店內現金流動，基本上他想請誰都可以。他是店內最高階的經理人，因此他可以為我創造一個暑期實習職位，用不著向總部報告，然後為我省下寶貴的時間。他接著說明他可以提供什麼條件，要是我沒有異議的話，幾個星期後我就會收到雇用函。我走出店外，鬆了一大口氣，到了三月末，我終於拿到了一份暑假的工作。

因為我選擇了坐下

我在兩週後碰到了 Ray，其實在那之前我已經在學校裡見過 Ray，因為我是二〇〇八年哈佛亞洲商業會議的召集人，而他是會議其中一個主要組織幹部，我對他有基本認識，但直到會議結束後的春假前一個禮拜，我才有機會跟他真正的碰到面，結果那次的碰面戲劇性地改變了我之後的哈佛商學院經歷。

會議很成功，因此幾個禮拜後，我們在哈佛廣場附近一家印度餐廳內，為會議所有的幹部辦了場慶功宴，巧合的是 Ray 就坐在我左手邊，我們開始隨興聊了起來，那是我們第一次真正的交談。我們都問了彼此這學期結束後要做什麼，我回答說我要去紐約市的 Polo Ralph Lauren，他聽了深感興趣，對於一個亞洲國際學生要到最「美國化」的其中一家精品公司去工作，感到很驚訝的樣子。然後他提到他接受了三麗鷗（Sanrio）營運長的位置，將主掌設在舊金山的美國營運處。他說，要是我有興趣的話，春假後何不給他一通電話，他六月開始上班，七月可能用得上他信得過的哈佛商學院同學去幫他。

過了幾個禮拜，等我與 Polo 確認過實習細節後，我給 Ray 打了電話。接下來幾個禮拜，我跟他總共面試了三次，稍後才知道還有好幾個同學也對這個職位有興趣，一樣接受了面試，競逐這個職位。直到後來接到他的正式邀請，前往舊金山去加入他的行列，我才曉得他出身日本有名的鳩山（Hatoyama）家族，四代東京帝大畢業生，三代哈佛畢業生，他們家族是日本的政治王朝，曾經出過首相、企業創始人和領導者，以及好多位內閣閣員。

在找了幾個月的工作運氣都不怎麼樣之後，結果那年夏天我有機會體驗兩份實習工作，七個禮拜在紐約市的 Polo Ralph Lauren，接下來五個禮拜在舊金山的三麗鷗。而就在幾個月後，三麗鷗的這份工作還讓我在拿到企業管理碩士後，開始了第一份正式工作，在大型跨國企業擔任高階經理人。

有時人生真的很有趣，你永遠都不知道接下來會發生什麼事。現在想來好玩，最初坐下來開亞洲商業會議的慶功宴，我走進房間裡，跟著一群人開始找座位，看到我會坐在Ray這個我不算真正認識，也沒真正聊過天的人旁邊時，有那麼一剎那，我幾乎就想要橫過整個房間，到桌子另一頭去另外選個位子坐，但是我並沒有，結果就是我坐了下來，而命運也跟我一起坐下來，徹底改變了我在哈佛商學院的餘日。

人生多麼有趣，有時，就只是歸結於你選擇坐在誰的旁邊而已，特別是在哈佛。

終於到了四月末，大部分人都找到了暑期實習的機會，並確定接下來的十個星期會到哪去。暑假其實接近十二週，而大部分的實習工作會持續八到十個星期。Gina最後接受了波士頓顧問公司在香港辦公室的實習職位，Cathy也接受了貝恩香港的顧問職位。Hyde到倫敦去，以他先前的資訊技術背景，整個夏天都在英國電信上班。Wayne待在波士頓的財務服務領域裡，Paul則一樣將夏天拆半，大部分是在麥肯錫的底特律辦公室，擔任汽車企業的顧問，接著再前往舊金山，為哈佛商學院校友創立的特斯拉電動汽車（Tesla Motors）工作。

我的同學們

有三個同學值得介紹給大家。

第一位是我在必修年的幾個禮拜後就認識的 Jennifer，來自南達科塔州。她畢業自華頓商學院，在舊金山工作了一段時間後，就搬到香港，並在那裡上班，同時申請哈佛商學院。因為對亞洲事務有興趣，所以她說得一口流利的廣東話，稍後更被選為哈佛商學院亞洲商業社（HBS Asia Business Club）的社長，我也是社員，後來還擔任幹部。我們在必修那年都住在莫里斯館，畢業後也都搬到了舊金山。

Hide 是我班上的日本同學，上了一年的課後，我們變成了好朋友。到快畢業時，我們之間甚至已經培養出一個模式；就是他會到我的宿舍房間來，我們先點餐來吃，稍後在我房裡一邊品酒或喝啤酒，一邊看電影或玩電玩，或者我到他公寓去，由他親自下廚。大我六歲的他趕在畢業之前結婚；我是他單身漢宴會的其中一名承辦人。Hide 對保健業始終充滿了興趣，畢業後搬到西雅圖，為他先前的製藥業雇主工作，擔任美國分社的副總裁。

最後是 Emmanuel，或是我們經常叫的 Manu，法國籍同學，之前在歐洲做過顧問。大我兩歲的他和我在選修那年成為好友，一起做企劃、每週玩一次回力球和撞球，和Hide三人常一起去參加哈佛商學院的宴會，跑跑夜店。畢業當天，我們還先在我宿舍的大廳碰面，然後才一起走到哈佛商學院學生的集合地點，參加我們的畢業典禮。

班上流傳著一個笑話說，這裡最聰明的人並非那些為了得到學位，好在之後賺大錢而受盡折磨的企業管理碩士生。不，這裡最聰明的人是那些伴侶，尤其是哈佛商學院學生的年輕妻子們。她們在丈夫每天苦於上課時，可以來夏德館和哈佛商學院身材標準的教練打網球，參加所有迷人的宴會，體驗哈佛商學院的生活而無須吃任何苦頭。哈佛商學院對伴侶和家人非常好，他們可以享受所有屬於學生的福利，學校甚至好到會給伴侶專屬的哈佛商學院網址帳號，還有定期的伴侶活動與聚會。就像我們開玩笑說的，對伴侶而言，這就像是每天去鄉村俱樂部，我班上一個日本同學說他太太好喜歡這裡。

「什麼？」我說：「我以為她不懂英語，她不會覺得無聊或寂寞嗎？」

「不，完全不會，」他大笑著回答：「根本沒這必要！每天早上起床後，她只要幫我做午餐和晚餐，其他時間就可以去五星級的夏德健身館，和她的朋友到商業區去逛街，或只是開車在波士頓四處逛，回到日本以後，她就沒有這種自由了。」

上課之外

因為哈佛商學院校園和哈佛主校區分開的，中間還隔著查爾斯河，而且擁有自己的食堂、體育館、停車場、宿舍和公寓，所以我們經常有種生活在自己的企業管理碩士小世界裡的感覺，而非實際上屬於哈佛的一部分。常常是因為我們為了特別的晚餐，或是過週末而跨過陸橋，才會與哈佛社區重新合而為一。整體而言，身為哈佛學生好玩的地方就在於，常常光拜學校名號所賜，就能免費得到許多驚人的機會。比如說，只是在第一年裡，我就參加了一些演講會，親身和李連杰、娜塔莉・波曼（Natalie Portman）及前南韓總統見面，全部免費，因為每天都有無數傑出的賓客獲邀來演講。

我生平首度去滑雪也是在第二學期，這也是哈佛商學院的一項傳統。地獄週結束後，每班都會安排各自的旅遊。通常是在三月初，我們會訂一個車程兩小時左右的滑雪度假區，而幾乎全班九十人，有些人還帶著家人和配偶，都會在那邊待上兩天。我們會在週五晚上抵達，全體在附近一家餐館集合，在預定好的大房間裡用晚餐，以及，理所當然的，喝一大堆啤酒。事實上，幾乎任何這種班級旅遊和度假期間，總會有某一輛車的整個後座或整個後車廂，都用來載運各種酒。我們會狂歡到深夜，隔天早上醒來後出去滑一整天的雪，之後再度全體集合，基本上就是把週五做的事重複再做一次。被學校搞得筋疲力盡，滑了一整天雪的身體還痛到不行，而灌了兩天的啤酒更是心智醉茫茫的，我們全都癱在館店的木頭小屋裡。半夜三點的此時，雪花正在外頭狂旋，不過到了隔天下午的三點鐘，我們都會回到自己的公寓和宿舍，著手明天的案例，準備下個禮拜的面試，趕在週一前讓一切就緒到位，人人不例外。這是將哈佛商學院精神發揮到最極致；我們努力讀書也盡情狂歡，但總是能把事情做好。那年冬天，我也學會了如何滑雪。

紐波特舞會

如果我沒有鉅細靡遺的描述年度最後及最大的哈佛商學院宴會，也就是紐波特舞會，那麼我的哈佛商學院必修年故事就不算完整。這個宴會在期末考前兩週假羅德島（Rhode Island）的紐波特舉辦，那裡是卡內基和洛克斐勒家族的古老避暑大廈，激情、興奮以及整個週末灌下的酒精量，完美的捉住雲霄飛車的緊張感，以及必修年末所需的暫時解放。

每年，學校都會租一棟超大華廈，足以容納我們九百個累斃了的必修生。而由於在這年的這段時光，這也算是我們努力所得。在前去參加的途中，我們全都了然於心，知道自己那晚肯定會喝很多酒。

再一次，由班上有車的同學分別載二、三個人上去，我和一位來自南卡羅納州的美國同學James同車，一路聊上去。第二年成為選修生後，我們就常結伴去參加宴會。

我們在下午六點左右住進飯店，換上燕尾服，稍微遲了點到宴會，我們抵達的時候，宴會已經完全進入狀況。我們停在大宅邸外，保全檢查了我們的學生證後，就讓我們進去。

大夥兒很快坐下來，並且到擺設成自助餐型態的餐區去拿東西吃，總共有三個大餐廳、兩個吧台和一個大舞池。大廈的大廳裡設了休息區給只想坐下來聊聊天，或已經喝得太醉的同學歇腳，第一班回我們館店的巴士要到凌晨一點才會發車。

晚餐並不特別，因為它原本就不是那晚的焦點，我們全都在半小時內吃完晚餐，並且很快找到許多駐在吧台前的同班同學。那是個開放的酒吧，光是今天一個晚上，就花掉我們每人一百二十五美元。從晚上九點到凌晨一點，我班上同學和我就站在吧台前，尖叫著、鬼吼著跟彼此敬酒，偶爾我們也會到舞池去一起跳舞。到那時，我的領帶已經鬆開，禮服襯衫的上面幾顆鈕釦也已經解開。到了十一點鐘，那些還站得住的人開始拚誰可以灌下最多酒。是的，在哈佛商學院裡我們喜歡爭強鬥狠，連這都比。任何人都會幫大家點酒、小杯伏特加或混合的雞尾酒，我們肯定都會在幾秒鐘內互敬喝下去。想到明天的行程，我不禁大笑，我們全都該在中午醒過來，然後到附近的釀酒廠去品酒，真棒，早餐也是酒。

我們整班這個週末都會在這裡度過，在這歷史小城中到處逛逛，去一些媽媽、爸爸型的小商店，並參觀紐波特的豪華大廈，明天晚上我們會在紐波特輪船俱樂部（Newport Boat Club）用晚餐，然後都睡到很晚才起床，到週日下午很晚的時候才開車回去，接著期末週就要開始了，那部分我甚至連想都不想去想，在今晚，我當然更不願去想。到一點鐘離開時，我已經灌下大大小小共十九杯酒，而且是最後還站得住、少數幾個還沒有吐、還沒昏倒，或是還沒躺在地板上的人之一。我不時會想辦法偷個閒喘口氣，到大廈周圍去走一走，我看到Cathy、Wayne和Gina坐在角落裡聊天，大聲罵著髒話的Wayne看起來醉了，用簡單的剪刀、石頭、布和Cathy划著台灣酒拳，Wayne每回一醉就想划台灣酒拳。

我和他們坐了幾分鐘，行動電話就響了，那是看到我跑掉，沒再繼續喝酒的班上同學，他們要我回去繼續加入拚酒的行列，我心想，不曉得回去的時候，我的燕尾服上會有多少酒漬，襯衫又會不會毀掉。

之後，所有的事情都變得模糊不清。我記得和其他人在半夜一點鐘時一起等巴士，差點被新英格蘭的夜風給凍斃。我在巴士後座睡著了，拚命忍著不要吐出來，而大部分人連走都走不穩。在好像只過了幾秒鐘後睜開眼睛時，竟然已經回到了飯店，我盡全力衝回自己的房間，聽到後頭某處有人在叫：還站得住的人應該要到某個人的房間

第一次全班出遊時，和班上同學喝酒，
用乒乓球玩啤酒遊戲。最左邊的同學是Hyde

去，那裡準備了成噸的啤酒，大家可以繼續喝到天亮，Anuroop對我鬼叫著要我加入之類的話，可是我已經往房間走了，我需要昏睡過去。在衝往床鋪的途中，我還順手扯掉了領帶，我的頭一沾到枕頭，沒幾秒鐘就睡著了。

如今回想那影像，回想我的同學和我穿著昂貴的燕尾服和晚禮服，跟著DJ放出的最新曲調在舞池上狂舞，一邊在酒吧流連，酒一杯接一杯的灌，把領帶和熨好的西裝搞得亂七八糟，那畫面和象徵意義總讓我不由自主的笑開。昂貴的燕尾服、禮服和古老的大廈代表著外頭的人、甚至是我們對自己所期待的哈佛象徵：聰明、優雅又有教養。然而那夜狂野的舞蹈、詠唱和無數杯的狂飲和灌酒，不也代表著真正的哈佛商學院？

來到這裡的代價奇高，對每個人都是。我們都累了，被那一個接一個的案例、必須在課堂上發言的持續要求，以及為明天的辯論所準備的每個晚上搞得好累。**一旦搭上了哈佛商學院這班列車，就沒辦法下車，只能全速開到終點**，明天又是新一輪的案例、考試和求職，但是今晚，那些都可以等一等，只有今晚，我們要把生命活到最充沛，喝到最後一滴酒，並且像沒有明天般的沉睡。

如果想一想，是的，我們既瘋狂又不羈，喝那麼多酒也對自己不好。可是就那麼一夜，我們掙到了；如果一輩子只能瘋狂幾次，如果不是現在，更待何時？

第四章

暑假不只是暑假：為期十二週的公司實習

五月下旬，我們結束第一年期末考最後一個科目。經過幾天和班上同學的歡聚之後，我們就將自己的東西打包，存放在地下室的貯藏室裡，搬出第一年的宿舍，帶著小旅行箱，開始另一個企業管理碩士的古老傳統：暑期實習。

紐約市：Polo Ralph Lauren

我在五月底抵達紐約。從六月第二個星期開始，我要在離曼哈頓二十五分鐘距離的長島曼海瑟（Manhasset, Long Island）Polo Ralph Lauren 旗艦店為 Evan 工作。

這間獨特的店位於長島相當富庶的地區，一直飽受員工高流動率之苦，過去幾年表現得並不理想，公司給 Evan 兩年的時間改變現狀。我原本認為實習會相當鬆散，因為這家店從來沒有用過企業管理碩士實習生，但第一天我就驚喜不已。

Evan 知道我以前並沒有零售經驗，貼心的準備了七週的輪調計劃，好讓我在每個部門都能獲得速成訓練。第一週到第五週，我基本上是跟著各個經理輪流在營運、男裝部、女裝部、童裝部和家居部工作。工作內容完全取決於當天的經理，例如：女裝部的經理認為她不好要求我去做太無聊的事，因此她確實要求我一天八小時都跟著她，解釋她日常工作的每一項小細節，還有她從三十年零售經驗裡所學到的點點滴滴。男裝部經理則一點都不在乎我的哈佛商學院背景，他說學習零售最快的方法就是「開始動手去做」，所以第二天他就要我站上銷售戰場，開始銷售。沒有訓練，沒有時間把產品都看過，邊做邊學，記住產品的特性，搞清楚產品放在庫存室的哪裡，並學習如何提供顧客最好的服務，這些全都發生在混亂的美國父親節週末。

這間店也讓我看到美國相當不同的一面。長島這一區是許多美國最富有人士居家的地方，紐約所有成功的銀行家和金融家結婚之後就搬來這裡，好讓孩子在紐約市外取得比較友善的教育環境。在這間店裡，年輕的媽媽會毫不猶豫的在三十分鐘內花掉兩千塊美金，只因為她七歲大的兒子需要一套衣服參加某項學校活動。在我實習的第一週裡，一位同事開玩笑對我說，這裡有最高的富裕家庭主婦隆胸率。在這家每個走進來的人都有可能是百萬富翁的店裡，良好的個人服務和管理良好的店舖是做生意的基本要件。

在各部門輪調之後，實習的最後三週，我是和 Evan 在他的總經理辦公室裡度過，實際上是和他共用一張桌子，而他則給我一些「管理企劃」做，類似外部顧問的角色。經過五週在這間店文化的「洗禮」之後，從一名經理人的觀點來看，這三個星期是我終於有資格能被賦予責任的時候。我運用我對這間店和這家公司的了解，評估並設計了一套新的雇用政策來解決員工的高流動率，並寫了四份如何為這間店製造更多宣傳和銷售的商業／公關計畫書，主要是以更年輕的族群為目標。

關於人力資源企劃，我的觀點並非打擊高流動率，那其實大部分肇因於無經驗的銷售同事應徵了一份並非真正適合他們的工作。我聯繫了紐約市區及郊區全部近二十所設有時尚或設計學系的學院，並在這些學院的求職資料庫裡建立了Polo的帳戶和求才公告。我相信，藉由和附近學校建立並維持早期的聯繫，可以在我們這間店、公司和未來年輕世代，以及了解時尚和零售是他們想要的積極學生之間，保有一

在我身旁的是紐約 Polo Ralph Lauren 業績最好的銷售人員

種長期和一定水準的關係。

在這三個禮拜內，我也有機會見識到系列產品是如何設計的，經理電話會議時坐在一邊旁聽，並學習無數公司利潤、各項收入的內部細節，最重要的是，這些「高檔」商品的真正成本。

這些事實、數據和雜亂堆在庫存室櫃上的「高檔」商品所顯現的諷刺意味景象，使我想起展示的重要性和零售的奧祕。如同許多經理多次指出的，Polo Ralph Lauren 的襯衫比 Wal-Mart（沃爾瑪）的襯衫好嗎？當然，然而它們有好到值得高十倍的價錢嗎？當然沒有。對大部分顧客而言，售出商品實際的價格並不是那麼重要，對我而言，這就是我必修那一年行銷學教授所說的最生動的例子：「價格就是你的目標客戶願意付出的最高金額。」成本不應該是限制的因素；成本和價格應該無關。如果對一位顧客來講，一件正式場合穿的男襯衫值八十五美金，那麼不論其成本有多低，你的目標就是要索價八十五美元，因為那是你的顧客願意付的價錢。

看過了散落在庫存室各處的商品，又在僅僅數步之遙，看到一模一樣的產品被擦得亮晶晶的，小心翼翼的摺好放在真正的銷售樓層，我完全同意這個說法。所以現在通常的情況是，除非折扣相當大，否則我會面無表情的拒買任何貼有「高檔設計師」標籤的東西。

當時，我並不確定自己會不會考慮畢業後立即進入精品時尚或零售業，因為那並非一開始我就下定決心非進不可的行業。我在那七週裡所運用的招式大部分是軟技巧：**大量引用自「領導與管理」課**，尤其是在人力招募程序中；同時還運用了許多行銷技巧，尤其是要幫店裡的銷售活動寫商業計畫時。我偶爾會運用會計學和財務學，特別是在頭幾天置身營業部門，學習如何看借貸表和資產負債表，並搞清楚我們商店的成本大部分出自何處的時候。但即使我在總經理辦公室三週，我的觀察是：在這個行業裡，至少有百分之八十仍是人的技巧。應付顧客；由於獎勵結構的關係，銷售同事可能會有利益衝突；不同商店之間的管理；如何提高商店活動在社區裡的能見度……等等。到此之前，我已經耳聞無數次，這裡卻是百分之百的真槍實彈：一旦成為經理人，在一天結束時你會驚訝的發現，真正有價值的是你所管理的人以及你所創造的團隊，領導與管理課是你在畢業很久之後仍會回頭參考的一門課。

出身非金融背景的我，很高興意識到這行業的這部分和我的個性還滿合的，而且在我選修的那一年，以及畢業之後相當久一段時間，會成為我事業生涯中持續尋找的一貫主題。

最後，我在 Polo 碰到的其中一項關鍵經驗是件小小的文化軼事，整個夏天一直縈繞在我心裡。

第三週某天下午四點，我在庫存室裡晃，因為我們店也負責紐約地區大部分的修改工作，所以地下室有約三十名男女裁縫師，他們大部分是講西班牙文或義大利文的第一代移民，英文懂得不多。早上和下午各有十五分鐘的員工休息時間，就在那個下午，他們一大群人，大半是三、四十歲的婦女，正在庫存室裡以優惠甚多的員工折扣，挑出想要買的 Polo 產品。

他們全集中在童裝區。

經過他們身旁時，我看到他們拿起八歲男童 polo 衫和牛津便鞋時露出興奮的表情和滿足的笑聲，現在可以用特價買到了。他們每天在這裡辛苦工作，所以或許每個月有一次他們可以走到庫存室，不是為他們自己，而是為他們的孩子挑出帶有美國傳統啟發的美學和紅、白、藍三色，也就是美國最棒的象徵之一的 polo 衫。在他們開心聊著時，我忍不住心想：

在許多方面，**這就是美國夢的精髓**。

一個月有那麼一次，一天有那麼一次，在閃閃發亮的眼睛和快樂滿足的笑聲裡，儘管每次只是透過一件 polo 衫……而且還是買給他們的孩子，他們還是實現了美國夢。

以我這個有哈佛商學院背景的學生來看，此刻經常提醒著我：無論這個暑假我們做了什麼，是輪調培訓計畫、「領導」發展計畫或管理訓練位置，也不管我們這九百人認為自己好像有多重要，重要的是要記得，對世界上許多人而言，對於那些在外面想要進來的人而言，因為資源和運氣遠不如我們，他們的世界就是如此；從一個上班日下午的零售店庫存地下室的一角看來，世界就是這個樣子。

那些短暫時刻很可能是我在那個夏天所學到最重要的一課，而且我希望自己出了庫存室外之後，那個影像還能跟著我，伴我進入任何企業角落的辦公室、董事會，或是幸運到足以欣賞窗外風景的摩天大樓裡。

別忘了感恩

至今，每當我回顧現在自己在的位置、我有幸看到的一切以及引導我到目前這個位置的種種，總覺得在我哈佛商學院生涯裡，有兩個人惠我良多。首先，Evan 開啟了一切，冒險用了我。第一次碰到 Evan 時，我正拚命想要找一份暑期實習工作，我年輕、沒有經驗，而且沒有任何零售背景。回想起來，我可以貢獻給 Evan、給 Polo 公司的相當少。然而，Evan 卻肯利用額外的時間，辛苦領我入行，為我在他的旗艦店裡創造了一個架構結實的學習經驗，啟發了我，讓我稍後可以跨出我的職業生涯。這一切全都是為了一個陌生人而做，至今我仍舊和他保持聯絡。

Ray 也一樣，在他面試的所有人當中，我年輕又沒有經驗，不會講日文，當時對三麗鷗的了解也相當少。同樣的，我卻是他後來邀請那年夏天去舊金山和他共事的人，這個決定直接帶領我通往我企業管理碩士後的生涯。

有時候，人生真的很好玩，或許真有一個崇高的計畫，一個命運早就已經計畫好的崇高計畫。

不管是不是，命運真的不在我的控制之中。那年夏天，我只是學習珍惜生活中每一個積極的變化，並記住：當陌生人突然為你做某件事，或者當突然的遭遇永遠改變人生時，就是這樣的感覺。**如果我可以在那個位置上協助他人，就如之前我所獲得的協助一樣，我一定不能忘記。**

舊金山：三麗鷗股份有限公司

在 Polo 七週之後，我飛到舊金山去為三麗鷗工作。三麗鷗以擁有 Hello

Kitty 和三百個其他角色、餐廳、遊樂園和電影製片聞名，在亞洲相當受歡迎。如同之前提過的，Ray 這一年剛剛畢業，就獲得一個棒到不行的機會，擔任三麗鷗營運長，負責的工作包括管理日本以外所有國際事務的營運，而且因為我們碰巧在亞洲商業會議期間一起工作，所以他請我在他剛到任的前幾個星期去協助他。

簡單介紹一下三麗鷗公司：一九六〇年創立於日本，主要是家卡通人物角色公司，最有名的就是 Hello Kitty。三麗鷗創造、銷售其卡通人物，並透過各式各樣的產品行銷其卡通人物，從午餐盒、文具到餐廳和飯店。以其近十億美元的公司市值，和遍佈世界大部分地區的辦公室及產品，他們是世上內容最獨特的授權媒體公司之一。

實習期間，我們所面對的主要問題相當多樣化。儘管他最初被聘為營運長，負責管理美國營運，執行總裁和創辦人家族實際上是將他視為擁有企業管理碩士資格的新一代經理人，因此，許多可行的新國際投資或構想都會指派給他。所以 Ray 在接受這個任務，到我加入三麗鷗的六十天裡，他在舊金山辦公室實際上只待了十天左右。這段期間，他曾飛到杜拜和中東商業集團討論 Hello Kitty 休閒渡假村，為未來媒體企劃相關的合作，飛往洛杉磯和山繆・傑克森（Samuel Jackson）與華裔明星劉玉玲見面，還曾飛往德國視察歐洲營運狀況。他該從何處著手呢？從頭開始管理舊金山辦公室？美國員工正等著和公司的新方向交流，急於了解新的領導人有什麼法寶。他應該專注在歐洲市場？或者像印度、杜拜和俄羅斯這種新興市場的發展？就廣一點的層面來看，我們應該尋找加盟合作或授權？或者我們乾脆大膽進入不同的行業？此時此刻，三麗鷗究竟想要成為什麼樣的公司？

坐在 Ray 辦公室五個小時的會議裡，我們是以真實的哈佛商學院案例教學法，在白板上畫出所面對橫跨三大洲的複雜問題，連文化考量都還沒有列入，兩人就先默默往後退了一步。擺在他面前的任務委實令人怯步，我們倆都感覺自己像初出茅廬的毛頭小伙子，許多方面都超過自身的領域，然而未知感也是一種興奮。

接下來幾週，每天都有三、四個小時會花在各種議題的腦力激盪上，例如：東京希望他考慮為我們在那裡的遊樂園改善收入，而且希望他下週飛過去時就能提出構想。做為貨真價實的哈佛商學院學生，我們會在白板上寫出議題概要、內容和選擇方案，進行討論、辯論和爭辯最好的可行方向，還往往會開玩笑的提到這個領導與管理案例，或那個策略案子。他還真的把所有在哈佛商學院學的案例都擺在書架上，桌上也經常散置了一堆案例。每天都會討論策略、營運、人力資源、管理和商業發展新構想的我們倆，就許多方面而言是孤軍奮鬥的，不斷試圖釐清在接下來的幾個月裡，什麼是公司和他優先該做的事。之前與之後我都會進行市場研究、收集分析報告，以作為我們當天腦力激盪的助燃器，或總結我們的討論，好讓他到日本去提出最後的報告。

就許多方面而言，我覺得自己就像在扮演值得信賴又知心的朋友，因為他負有重責大任，要將公司除舊佈新，而公司潛在的阻力和傳統的日本文化均不利於他。對我而言，每天收集資料、綜合我以前只在哈佛商學院案例裡讀到的大範圍管理議題和診斷，無一不是令我大開眼界的機會。原本以為這些要在久一點以後，也就是畢業後的職業生涯中才會碰上的。

在這個環境裡，而且可能是在任何哈佛商學院／企業管理碩士後高壓力環境中工作的特性，這並不是個適合害羞和步調緩慢的人的理想地方。每天有四個小時，Ray 會先在白板寫下所有的論點和行動方案，然後關上辦公室的門，我們開始進行下一個策略計畫，討論過程高度保密。他會詳詳細細的把他想要做的，以及他的推論說明給我聽，然後期待我對他的邏輯提出質疑，戳破他的推論。他常常會在描述時突然停下來，問我認為怎麼樣？我的論點是什麼？提出論點、為論點辯護，立刻說服他。我們會以活力十足的飛快速度來回爭論和辯論四個小時，直到刪掉所有列在上面的選項，對一個似乎是最有道理的決定達成共識為止。這是企業管理碩士最極致的訓練，不是供你猶豫、結巴或看起來緊張及害怕的地方。他期待每個問題立刻就能得到答案，每個挑戰馬上就能引來辯論，而你在眨眼間就要回答。這不是回答「我不知道」的地方。你從來不能回答：「我不知道」，最起碼得回答：「我會去找出答案。」這裡就是那樣的環境。而這一部分，這種興奮，活生生出自哈佛商學院，我喜歡極了。

在走這段過程時，我總是想著：下學期我樂於在課堂上發表這個意見，說出這個情況，終於能善用我們的工具，真的是太迷人了。財務、財務報告與掌控、技術與營運管理、市場行銷、策略……全都開始派上用場了。

到了最後一週，Ray 開口邀請我畢業後過來這裡正式上班，工作內容是他剛創設的全球策略營運小組的成員。在體驗過實在是非常刺激和興奮的四個星期後，我對這提議相當感興趣。儘管為 Hello Kitty 工作並非我原先預計自己於二〇〇九年畢業後所會從事的工作，但我和他的關係、我們有幸能制定策略的企劃範圍，還有，單單是三麗鷗正面臨刺激但未知的轉折點，就是無以倫比的誘人提議。那年暑假，我們每次討論的話題都盡可能的多樣化及大範圍，像三麗鷗好萊塢電影，改善日本主題公園投資的方法，還有像是進入開發中市場，如印度和俄羅斯的最佳方法，是該和當地玩家合夥，釋出獨家代理權，或者在那裡購買不動產，設立自有的供應鏈和店舖營運？

從文化和個人觀點來看，我對在此工作一個月的經驗，原本就充滿了期待，因為剛好緊接在結束長島 Polo Ralph Lauren 公司的實習工作之後。Polo Ralph Lauren 是一家以包裝販售理想化的美國生活方式起家、十分傳統的美國跨國公司，我在為他們工作七週，服務了那些生活真的如同 Polo Ralph Lauren 所推銷生活方式的那些人之後，在三麗鷗發現了剛好完全不同的動力。

在三麗鷗，我是和最高層的資深管理階層一起工作，他們大多是日本人。其餘六十多名員工則全都是美國人，而我們經常面臨的一個問題就是要如何處理兩種文化之間的期待，減少隔閡。因為我的老闆是個三十四歲、負責日本企業的營運長，而企業員工的平均年齡是四十八歲，在那裡的幾個星期就像是五個領導與管理案例啪嗒變成了一個。除了營運長，其餘日本高級主管都是快三十年前三麗鷗在美國開始營運時的那批日本人。依照日本文化，他們對他和我都很尊重也很有禮貌，視我們為公司改變方向的新生代，帶進新血，張開雙臂歡迎我們。然而，就如美國員工一樣，他們也擔心 Ray 擔任新經理人後可能帶來的任何改變，做的任何決定，而辦公室裡任何的日常互動，往往顯得非常小心與謹慎。

這一點和日本人其他的微妙處也經常讓我覺得疑惑：我該像其他日本人一樣，把他當成日本老闆嗎？包括在餐廳裡幫他倒熱茶，先幫他挾菜再挾給自己；這在美國，尤其是哈佛商學院，可能會被視為相當不必要的行為。但以他對我到目前為止，有一半的人生都在亞洲度過的了解，我應該表現得像個美國人嗎？或者我跟他該以美國朋友之道相處，在辦公室裡輕拍他的背？我究竟該待他像日本上司一樣，凡事以他為先，以他為重，或者該待他如哈佛商學院的美國朋友？如何平衡，尤其是在周遭常常有美國和日本同事同在的辦公室裡，這問題一直在我的內心深處徘徊不去。

生活型態拼出最後一塊拼圖

這邊記一下我個人的生活。在舊金山那一個月裡，我在史丹佛大學分租了一個房間，和一名史丹佛學生同住在他們的研究生宿舍裡。在申請企業管理碩士課程時，我同時申請了史丹佛和哈佛，所以雖然只有一個月，但我還是把這個經驗當成生命中那些「假使」我真的有幸體會的時刻之一，細細品嘗如果當初真的是在舊金山拿我企業管理碩士學位，會是什麼滋味。

「舊金山生活型態」是一個月中的另一個重要文化元素，在我抵達機場去取將要租用一個月的汽車時出現。令我大感驚訝的是，他們幫我從一般的廉價汽車免費升等到全新的福特野馬。我之前從未開過跑車，又已經習慣了波士頓與紐約壅塞狹窄的街道和快速道路，開著野馬奔馳在舊金山的快速道路上，變成這段短暫生活中最快樂的事情之一。對我而言，從東岸到西岸意味著劇烈的改變，也代表了習慣和心態上的重大改變，讓我得以快速又自在的把我的工作或生活習慣，調整成比較輕鬆與悠閒的方式。

晚上和朋友在外消磨之後，我最喜歡做的事情之一，就是期待每隔幾個晚上，獨自開著車，馳騁在 280 號快速公路上。280 號快速公路貫穿山間，沿著海岸迤邐前進，路旁有紅杉木和著名的半月灣。白天，大家的小車沿著海岸開，呈之字型在樹林及山間行進的景象，正好提醒我品嘗及享受這些單純的時刻。晚上，路上僅有少數車輛，加上沒有路燈，只有我自己的大燈和引擎結實的嗡嗡聲伴隨著黑暗，讓我產生一股寧靜的暖意和孤獨感，有時還會對個人的渺小產生一種敬畏，並感受到自己能夠體驗這些，是多麼幸運。

我最初的學車與開車經驗都是在抵達哈佛之前，而且是開在更為壅塞和狹窄的亞洲道路上，一開就開了六年。因此，沿著加州海岸線馳騁的這些夜晚，變成了最美好的文化提示，讓我不忘自己的確身在美國。而這個夏天，在我離開校園象牙塔，永遠的重返成人世界和成人工作場所之前，這也是我童年最後一個夏天，還是個不可思議的「美國夏天」。

最後，我認為是這些私人時間，加上看到Polo員工為孩子買產品的經驗，**讓我思考、傾聽和明白謙卑的重要性**；還有，或許有朝一日，如果我有幸能夠登上某個階層時，我肩上所要擔負的責任。回到哈佛商學院後，這些教室外真實的世界經驗和個案研究剛好成為我企管教育缺少的最後一塊拼圖，及時讓我成為一個更加成熟、寬容和善於處世的企業經理人及個人。

這個暑假開始時，我的心態是把它當成嘗試某種全新事物的最後幾個機會之一。和大多數進入銀行業和顧問業的同學相反的是，我想嘗試更有創意的行業。這並不表示我只想進入這些行業，很單純的想法是：如果現在不去體驗，更待何時？Polo Ralph Lauren和三麗鷗公司提供的，正是我在尋找的多樣化及獨特的經驗。而且我可以很坦白的說，就因為那年夏天我有如此棒的經驗，以至於在哈佛商學院第二學年開學的三天前，我在波士頓的羅根機場（Logan

Airport）降落時，還真的有那麼一點難過。

我在現實世界的三個月暑假假期，轉眼間便結束了。哈佛商學院的生活即將再度展開。

第五章

一年後，變得簡單起來

從踏進我的新寢室加勒廷館（Gallatin）206室那一秒起，我的選修年開始了，那是二〇〇八年九月一日的凌晨。

加勒廷館在莫里斯館隔壁，去年內部已徹底翻修過，外部結構則和同樣建於八十多年前的卻斯館（Chase）、莫里斯館及其他宿舍大樓一模一樣。在美國，古蹟建築會被保存得很好。建造過程中，工人們會積極採取保護措施，外部任何小地方都保存得相當完善。至於內部，我很高興一走進去就像是五星級飯店，二十一世紀最便利的設施應有盡有，大廳裡有大型的自動感應吊燈，每回一走進去，就會自動亮燈，一端有個大壁爐，旁邊有好幾張沙發，還有撞球檯、鋼琴、兩台可看有線電視台和 DVD 的大型平面電視。每一層樓都有兩間廚房、一台電冰箱和一間飯廳，住宿生每

加勒廷館

十人共用一間廚房。走廊有漂亮的燈飾，地毯清新乾淨，走在裡面，根本無從想像這是一棟老建築，在它的歷史歲月中，有數千名企業管理碩士生，包括那些很久以前就已經離開的學生，曾和我同樣在這裡待過。我們十分幸運，是加勒廷館翻修之後的第一批住宿生。

新宿舍，新生活

那一晚，我從機場搭計程車回來。Gina 來幫我搬行李，我則先去哈佛商學院警衛室領取進房的新密碼。跟飯店一樣，過完卡，輸入三個密碼，就可以進去了。

206 室裡面設計得像旅館房間，一進房，左邊是浴室，房間盡頭有一張書桌，書桌對面是一張加大的雙人床，床邊有個茶几，對面則是座高級櫃子，櫃子旁的兩扇鋼門後，是一座長衣櫥，漆成淡藍色的牆壁上有兩扇窗，可以一眼就看到貝克草坪，甚至可以眺望查爾斯河。

每天早上陽光會照射進來叫我起床。起床後，看著外面綠油油的草皮，看得到學生走進教室，我覺得自己擁有哈佛商學院最漂亮的視野。我們有中央空調，可以隨意調整室內的溫度。房間的每樣東西都很「環保」，如果感應不到任何人在室內活動，十五分鐘內，燈光就會自動關閉；但是當我靜靜的在書桌前讀書時，燈會反覆開關，卻令我很困擾。如果我打開窗戶，空調則會自動關閉。在莫里斯館老宿舍狹小房間裡的那種幽閉恐懼症一掃而空，我這個房間還算是這棟大樓最小的標準房間，已經有莫里斯館房間的兩、三倍大。等幾天後裝好了電視、有線電台，加上暑假收到的禮物——微軟的 Xbox 360，一個學生所想要擁有的一切都已經在這，在加勒廷館 206 室裡。跟莫里斯館一樣，這個房間也包括了內務服務，每天早上九點左右，內務員會進來清走垃圾，每五天他會進來清理地毯、浴室和撢清所有的灰塵，簡直就是旅館級的房間服務。

二年級的宿舍像旅館房間

學校真的是什麼都設想到了。幾個月後，我們開心的得知學校要在史班勒館的地下室自動提款機旁裝設 DVD 出租機，就像 DVD 出租店一樣，許多新片任君挑選，只要隔天把片子塞回機器裡，一天只要一美元。以前我們常開玩笑說，希望如果懶惰的話，可以永遠不要離開學校；現在可成為事實了。即使我們想看一部新電影，真的，校園裡連這都有。

來自台灣的同學全部剛好住在同一棟大樓、同一個樓層又同邊，這種機率並不大，我們卻碰到了。Wayne 就住在我走廊正對面的最後一間，Gina 住在我右手邊，再過去則是 Hyde。每當有台灣同學餐會或亞洲同學聚會，這就變得非常方便。也因此，我們有好幾次在我或 Gina 房裡聊到深夜，談著未來、人際關係的齟齬，以及家人的期待所造成的壓力等等。這樣聊天到深夜，配上睡前的一杯紅酒，成為符合選修年，輕鬆平衡的生活型態中相當重要的形象。

輕鬆自在的二年級生

很快的，我就發現選修年的生活比必修年輕鬆許多、舒適許多，主要是因為所有的科目都是選修，沒有什麼事情是被迫去做的。像我這種覺得會計和財務很難的學生，現在可以更積極的去修習感興趣的行銷和策略。課程也分成只有交期末報告或考期末測驗的。傳統的考量是不要挑三科以上要交期末報告的課，因為光是研究和十五頁的報告就會要你的命。結果，我在選修年的第一學期裡，選擇的科目卻都是要交報告的。我因為曾當過作家和記者，知道在期限內寫完報告對我而言相當容易；我幾乎總是第一個繳交期末報告的人。

除了哈佛商學院，我們現在也可以更深入我們和其他學校的關係。單從台灣學生方面來說，我們更有時間參加波士頓台灣或亞洲的宴會或聚會，更頻繁地跟其他學校的企業管理碩士生碰面。我們參加了波士頓大學的迎新宴會、和波士頓學院的學生喝點小酒，還有大約一個月一次和麻省理工學院史隆商學院的學生在他們的公寓裡舉行晚餐會，哈佛商學院和史隆商學院所有一、二年級學生會一起吃飯、喝酒、玩Wii、打牌或只是聊聊天。

我這學期修的課有：哈佛商學院最有名的課程之一的「顧客行銷」（Consumer Marketing），由學院裡頗受愛戴、經常擁抱她所教的學生的某位教授來授課。在這堂課上，我們會分析全球有名公司，如宜家（IKEA）和索尼（Sony）獨特的行銷活動。「成功企業的創立與維運」（Building and Sustaining a Successful Enterprise）教我們破壞性創新（Disruptive Innovation）的理論，改變我們對事業的看法。「營運策略」（Operations Strategy）檢視有名的製造廠商，如通用汽車和波音的營運狀況。「全球策略管理」（Global Strategic Management）則討論幾家主要跨國公司如何在不同國家、不同文化下管理公司。我個人還為 Ray 選了個「產業研究」的案例學分，為三麗鷗分析評估在世界各地蓋大型遊樂園的可行方案。

選修年的課堂氣氛完全不一樣，因為現在全是感興趣的自選科目，所以在課堂上就顯得比較輕鬆也更有自信，不再有上課必須說話的急迫感，也沒有達不到標準的無力感。到目前為止，我們已經經歷過兩次期中考、兩次期末考；我們都知道在課堂上必須說幾次話，我們的評論通常有多好，我們現在都已經進步到能迅速回應教授的冷酷點名，並捍衛自己的觀點，現在已經很少看到三十隻手舉在空中爭相向教授要求發言的畫面。

修什麼課程也影響到日常行事曆。比如星期四和星期五，我到早上十點二十分才有課，而現在早上也沒有學習小組討論會，意思就是這兩天我可以睡到早上九點半，也表示如果我要的話，可以每天晚上都去參加宴會，凌晨兩點再回來睡覺。總之，所有在必修年的慌亂、疲倦和同儕競爭的壓力，現在大部分都消失不見了。到了選修這一年，每個人都做他們想做的，說他們想說的，哈佛商學院現在成了完全不同的地方。

吧台男孩的故事

少了每天早上緊繃和強迫的會議後，學習小組動力也變得更加好玩和自在。在必修年快結束時，我們六個人立下一個慣例，在學校開學後的第一個週末和學期結束後的那個週末，我們就會聚在一起喝酒或吃早午餐。

開學第一週後，我們即利用星期日中午在葛拉芙頓餐廳（Grafton）碰面，這家餐廳提供相當棒的早午餐，大家都就座後，我環顧一下，看到大家只是目光相對，相互微笑，都在等待別人說第一句話。幾秒之後，我想還是我來打開僵局好了。

「我是不知道各位如何，」我開口說：「但是我很高興必修年終於結束了，我經歷的那些持續性的緊張和壓力，簡直就比我最壞的想像還來得更糟糕。」

「你的壓力很大？」某個人回答說：「我還每幾週就去看諮商師呢！」

「看諮商師？」另一個人反駁：「那算什麼。剛開始的幾個月，我恨透了我們被逼得太緊，也恨透了上課必須講話，所以我跑去辦公室問，如果我要退學，需要辦哪些手續。」

對往日的那些事，我們全大笑以對，現在全都過去了，我們一起舉杯慶祝選修年的開始。然而你永遠都不會知道去年我們是咬著牙根熬過的，我們都太清楚自己要扮演什麼角色，以及如何扮演。

回顧以往，到底什麼樣的故事最能總結選修年和必修年的不同？就是「亞洲人派對吧台男孩」的故事。

在選修年開學一個月後，哈佛商學院亞裔美國人社（HBS Asian American Club）舉辦了一場大型派對，為新學年正式揭開了序幕。這個派對主要是為亞裔美國人舉辦的，地點就在波士頓市區的一家時髦的俱樂部裡，相當盛大且成功，連其他學校企業管理碩士班的亞洲學生都出席了。當天我們包下了整個俱樂部，包括一樓的舞池，還有地下室的第二舞池。派對舉行到一半時，我到地下室去看看，那裡人少得多；大部分人都在閒聊，所以也安靜得多。幾分鐘後，我走到吧台，在那裡碰到一位必修年的新生，我笑著問他第一個月過得如何。

「很棒！很興奮，課程好的不得了……」他笑容燦爛的回答我。我拍拍他的背，說要請他喝一杯。在我們點飲料時，原本吧台附近的人陸續上樓去了，飲料送來，我付錢給酒保後，她轉身去清理櫃枱，此時就只剩我們兩個人用彼此聽得到的聲音在聊天。

我舉杯喝第一口時，我看到他本能小心的看看他的左邊，再看看他的右邊，就好像要跨越馬路一樣謹慎，確定都沒有人在我們附近之後，他靠過來，靠得很近，壓低聲音到近乎耳語：

「我必須問問你，會有比較容易的一天嗎？」

我放下酒杯看著他，給他一個溫暖的微笑。

「喔，會的，不用擔心，會好起來的。看看我們，選修年就簡單得多。但我不打算欺騙你，必修年的第一學期最難熬，接下來的兩個月會更糟，但是過了這段時間，日子就容易得多，不用擔心，你可以的，不要聽別人講的，每個人都會覺得很緊繃、很緊張，只是大家都不敢承認罷了。」

他對我微微笑，點點頭，好像得到了安慰，我也回報微笑，像個大哥哥一樣，儘管他大有可能年紀比我大。

「加油，」我說：「祝你第一年一切順利成功，你會沒事的。」

一年後，我畢業了，而他也結束他的必修年，到那時，他會好好的，不過在當時沒人敢承認自己如此脆弱，我也是。

選修年與必修年另一個主要的不同是，你會開始覺得有義務強迫自己放慢腳步，從全心全意投入課堂和個案，轉而欣賞看看哈佛商學院和波士頓所提供的一切。後來我又學會開船，拿到駕船執照，和幾個好友在紐約市和波士頓等地方舉辦單身派對，有機會了解東岸夜生活的另一面。在選修年開學後的幾個月，我和Gina一方面為了好玩，一方面為了運動，一起報名參加了為期八週的探戈舞蹈班。我們倆每星期三下午會抽一個小時，逃離極其忙碌的哈佛商學院生活，跑去學跳舞，之後在哈佛廣場一起吃晚餐，光這件簡單的事就是意味選修年和必修年差異性的象徵。

地獄週又來了

但是在好日子之後，緊接著而來的就是另一波挑戰，這在選修年也不例外。

就像似曾相識的畫面，地獄週在亞裔美國人派對一個月後開始，唯一不同的是這一次的利害關係更高；這一次，我們是在找畢業後的真正工作。

在九月回到校園開始選修年後，班上大約有四分之一的同學，因為暑假實習工作做得太開心的緣故，決定要接受公司在他們實習最後一週所提供的職務。在那幾週，學校的走廊上流傳著這個同班同學決定到倫敦麥肯錫公司的經過，或另一位同學是如何和香港高盛公司簽下了合約；這還只是選修年開學後的幾週，離畢業幾乎還有一整年。隨著簽約接受全世界各行各業大公司所提供的工作機會，後頭還有簽約獎金和學費償還補助，許多在這幾週內簽下合約的同學就會拿到一到三萬美元，對他們而言，哈佛商學院已經回報了首期投資款，現在他們只要回去好好享受選修年，等著畢業就好。

其他人的日子則照往常一樣過，地獄週一接近，我們就又像去年一樣，下午一下課就衝回宿舍，換上西裝，再衝去參加公司說明會，準備並練習等一下的面試（在接受大型顧問公司面試前，一般企業管理碩士生大約會先練習個十五遍），晚上九點回到家，又要準備明天的案例，我們都希望能熬得過二月的這個地獄週。

同樣的，地獄週期間，學校會停課一個禮拜，有好幾百家公司會進到校園，附近飯店的房間被訂得一空。跟去年一樣，我們要先將個人履歷表線上傳給公司，有幸獲邀去面試的人，就在那家公司的空欄位上簽名。我那週有七個面試，大約是哈佛商學院的平均值，也很高興的發現，經歷過 Polo Ralph Lauren 和三麗鷗的暑假之後，我的面試機會增多了；我的履歷表看起來也有趣許多。

整個周末，我們都是起個大早，穿出最體面的自己，拎起公事包，走到雙樹飯店（Double Tree）或查爾斯飯店的面試會場。每一家公司都有自己的一個房間；一輪到我們，我們就會搭上電梯到門外等候，經常會碰到想爭取同一份工作的同班同學，那天真的就有好幾百位同學在各家飯店裡。碰上排得沒那麼順暢的行程表，事情就很折騰。比如說，恰好同一天有三個面試，只因為三家不同的公司在同一天抵達，卻住在不同旅館，我就碰上了這種事。早上六點醒來，穿好衣服出門赴八點面試，九點結束後，你可能要拎著早餐邊走邊吃，在波士頓的酷寒天氣下走到另一家飯店，到了之後，讓自己鎮定一下，準備十一點的面試，十二點半結束後，跳上一輛計程車，在車內吃份三明治，抵達市區一家五星級飯店，和一家大型顧問公司面試，根本沒有機會或時間去好好享受一下那些五星級飯店。

下午兩到三點，考完一科筆試，接著去參加兩場面試，四點半結束後走出來。到這時，你穿的西裝有多昂貴，或穿哪個名牌的鞋子，這些都不重要了；你已經累得快要垮掉，一回到床上就躺平了。因為整天都沒有好好吃上一餐，你的胃正咕嚕咕嚕的叫，但是很奇怪的，明明這麼累了，還是覺得噁心反胃。這些事情不斷重複，日復一日，直到地獄週結束。好的一面是什麼？在地獄週之後，我們每一個人在走進另一次面試時，就不會再覺得緊張或怯場。等你從哈佛商學院畢業後，面試變得再稀鬆平常不過；不再令你害怕，不再令你感到受威脅或不好意思。這是企業管理碩士經驗的一部分。

是的，哈佛商學院也與我們同在；到處都是哈佛商學院。每次一走進去面試飯店的大廳，在一樓就會看到許多標示指向主要的用餐大廳，學校已經租下幾個用餐大廳，預訂了幾十張桌椅，讓我們可以休息和放鬆。擺在中間提供各式各樣飲料和咖啡的桌子上，稍早還提供早餐和糕點，午餐時間則會端出各式三明治，等到下午，吧台會免費提供補充活力用的營養點心。許多就業辦公室的職員穿梭在各桌間，詢問我們面試的情況，問我們是否已經準備妥當，為我們打氣，告訴我們一切都會很順利。這就好像亞洲國家的全國入學考試，家長會在那裡全程陪考，度過漫長的一天。學校甚至提供來回飯店的接駁車，起初我們還覺得這很浪費又荒謬；但到了地獄週的第一個早上，等你穿好西裝打好領帶走出去，早晨的微風令人發冷，就在這時，看到巴士就在哈佛商學院停車場等著你，發現有人這麼一大早就知道你將要經歷的壓力，而他就在一旁陪著你時，實在是備感溫馨。車程只要兩分鐘；走路則要花上十分鐘，就連我要下車時，司機先生都會給我一個溫暖的微笑說：祝你好運。就是這種時刻，我感謝老天，我身在哈佛商學院。

另一種生活型態

最後一次的面試之旅是十一月時前往舊金山，這也象徵我的地獄週已進入尾聲，同時提供了另一個外人一想起企業管理碩士生時，總會聯想到搭機飛來飛去，一副闊綽生活型態的吉光片羽。

這場面試是接受舊金山市區一家商譽頗高且成長快速的精品顧問公司約談。我一接獲通知已經通過第一輪面試，並即將在舊金山進行最後一輪面試，第二天物流部主任就打電話給我，敲定面試的約談時間、班機時程，以及在加州住一晚的飯店。我會從波士頓搭早班飛機，傍晚時分抵達舊金山機場，晚上休息一下，準備隔天一整天的面試，面試完後，我可能滿眼血絲的搭夜班飛機，在隔天一大早抵達波士頓。他也告訴我那兩天的所有開銷，包括計程車錢、飯店客房服務的費用，全都由公司付。那兩天的經驗又讓我回想起在瑞士銀行上班的日子，花錢的時候根本不用去想有關錢的問題。

從哈佛商學院到波士頓機場的計程車費是四十五美元，從舊金山國際機場到舊金山市區旅館的計程車資是六十美元。至於飯店呢？麗池卡爾敦（Ritz-

Carlton）飯店坐落在一棟古典的白色大理石大樓裡，距離我面試的地點美國銀行大廈（Bank of America Tower）只有一個街口，那大廈裡還有許多知名的顧問公司和律師事務所的辦公室。啟程之前，我好奇的上了飯店網站，查它的房間價位，一個晚上大約五百美元。待我一走進飯店大廳，在侍者勤快地幫我提行李，讚嘆其低調的奢華和典雅的建築時，心裡想著：現在我了解了，現在我知道一個人要習慣這種生活型態，這種生活標準是多麼的容易。我從來沒有要求過這種生活；這也不是我的必要條件。但隨著待過的每一家飯店，隨著每趟花費全部由他人付帳的旅行，我終於了解這些，這樣的經驗如何漸漸與緩慢成為我生活的基準，即使你並不希望自己這樣子。那晚我快速算了一下，我很確定這家公司和飯店與航空公司一定有合作約定，但包括來回機票費、計程車費、麗池的用餐費和一晚住宿費，他們在我身上應該花了將近一千塊美元，而我甚至還不是員工，我只是來應徵的。的確，大家一定很快就能學會愛上這種生活方式。

隔天早上當我在舊金山這棟漂亮辦公大樓的三十二樓，等著六個小時的諮商面試時，我環顧四周，試著把所有細節都記下來。坐在我旁邊沙發上的還有三位年輕專業人士，穿著光鮮亮麗，掛著輕鬆的笑容，卻又保持警覺。我並不認識他們，但現在我已經可以光靠觀察就認出一點：他們一定是企業管理碩士。短暫交談數語後，得知其中兩位來自華頓商學院，一位來自史丹佛，全部都是企業管理碩士，我們正在搶同一個位置，同樣是最後一輪面試。我們彼此笑得有點尷尬，接下來一個個被請進去，我們還是祝彼此好運。

我再次從三十二樓的全景式觀景窗望出去，從皮沙發這邊的角度看出去的景緻真是壯觀。舊金山市中心的摩天大樓雖在遠處，卻盡入眼簾。舊金山灣看的更是清楚，海灣大橋僅隔幾條街道之遠，大型帆船在蔚藍天空下航行。

後來，我回頭看剩下的兩名企業管理碩士生，他們的腳尖輕敲著地板，急切的等候傳喚。只不過在幾週前，我是在和我哈佛的同學競爭；現在和他們一樣，我們正在和全球最好的商學院競爭。這就是世界的面貌，美國企業公司的菁英；國際金字塔頂端最頂尖的人物。再次看了緊張等候的他們一眼，在冷靜的神情和輕鬆的微笑底下略帶著緊繃，終於來到這裡所付出的代價，只有我們自己知道。

一個月後，我在瀏覽最新一期的《GQ》雜誌時，發現一篇文章寫著，死前必須造訪的世界五大旅館。看到舊金山麗池卡爾敦飯店因它在文化和歷史上均是重要據點，還有它的建築歷史與世界級的服務而名列其中時，你應該可以想見我的驚訝。哇！我想著，我還真的住過那裡，一本雜誌直言真正世界級的飯店。真是夠了，人生至此，夫復何求。

享受選修年，了解波士頓

選修年開學後一個月左右，事情開始定下來。我們清楚這些操練，預期會有壓力，也都知道要如何應付。以前要花兩個鐘頭準備的案例，現在最多只需要四十五分鐘。隨著大勢底定，大部分同學和我就開始享受哈佛商學院生活的其他面向。

首先，我們的焦點現在更多元化。在必修年即將結束之際，Jennifer 被選為亞洲商業社的社長，她要我和另外兩位同學擔任舉辦哈佛亞洲商業年會的總召集人。這正是去年我遇到 Ray 時，他所擔任的職位。哈佛商學院的社團絕不是我們大學時候那種樣子的社團，需要每週來上課或每個周末舉辦聚餐，哈佛商學院的社團大部分都跟專業有關。例如當你加入亞洲商業社，你會定期收到從亞洲地區所傳來有關演講或工作職缺的電子郵件；我也是媒體社的成員，不但參加了紐約市之旅，也會收到媒體業相關的職缺消息或會議新聞。

從選修年的第一個學期開始，包括法學院和甘迺迪政治學院學生在內的大會籌備幹部，大約每兩周得碰一次面，以便籌辦哈佛大學其中一場最大年會的亞洲商業會議。各個學院各組一支團隊，這也是終於能走出哈佛商學院防護罩的大好機會，在聚會的時候，我終於可以一窺哈佛法學院的校園，也會定期在甘迺迪學院各棟建築裡開會。

我們也開始嚴格要求自己去健身房，當然會這樣，畢竟這是哈佛商學院自我戒律的另一個例子。要是我進得來哈佛商學院，要是有天我可以成為一位高階經理人，要是我可以穿著一套三千美元的西裝走進會議室，那我看起來當然得稱頭得要命。有趣的是，隨著我注意到的就在選修年一切大勢底定後，我開始會常常在夏德館碰到更多同班同學，人同此心，心同此理，這就是哈佛商學院。既然學校課業都沒有問題，訓練

亞洲商業社在宿舍召開哈佛商學院幹部會議，
在我身旁的是Gina

良好了，之後當然要開始鍛鍊身體，每件事情都必須完美。

但是也有比較輕鬆的景象。首先是看到必修生慌亂緊張的在校園穿梭，完成必修小組討論，看到他們認真準備他們的第一場期中考，每每讓我們大笑。我們沒有忘記當初是如何的痛苦，但就像軍校生一樣，我們都細細回味已經經歷過這一切的滋味，現在這些新血也要經歷我們經歷過的苦痛，但如今我們都了解這全是哈佛商學院經驗的一部分。

現在時間比較多了，我們也可以發掘波士頓，學著欣賞過去一年這美麗城市所提供，卻被我們所忽略的一切。如果你是個運動迷，那二〇〇八年是待在波士頓很棒的一年。身在波士頓的人都有義務喜歡塞爾蒂克隊、熱愛紅襪隊，都有義務討厭湖人隊和洋基隊。和來訪的朋友或同班同學去看球賽變成了週末最好的活動。偶爾我甚至會帶著台灣來的朋友，在週三下課後去看紅襪隊比賽。在看完球賽、吃完晚餐、喝過酒之後，再回去研讀案例，這種生活在幾個月之前是連想像都沒辦法的事。

波士頓旅遊專案

第一學期末，平均一個月會有一個朋友來拜訪我，有些來自台灣，有些來自美國其他城市。他們大部分是我之前台大的同學，現在在美國各間不同的研究所讀書。我現在比較有空，也比較了解這座城市，如果他們來訪，我會邀請他們留下來陪我住幾天。他們大多會同意我的看法而過來拜訪，我的觀點是，如果要在有生之年來一趟波士頓，就得趁我還是哈佛的學生，我可以帶他們去看我們所有的上課情況，去參觀校內所有歷史建築物。

之後，我開玩笑的告訴每個要來拜訪我的人，我有一個整套的「Michelle波士頓旅遊專案」，可以迎合來哈佛和波士頓參觀的人的需求，因為第一位過來找我的朋友就是Michelle，所以之後的每個旅遊都套用那次的經驗。

這三到五天的旅遊是這樣：到機場去接他們，回到哈佛商學院校園吃晚餐。我們會在史班勒館餐廳吃飯，走回宿舍時，我會慢慢解釋會客廳、教室大樓、歷史故事的每個細節。晚上我們會去John Harvard's，這是哈佛最多人出入的酒吧之一，自製啤酒最有名氣。在週五晚上參觀哈佛廣場，因為大學生那晚都出去狂歡了，所以氣氛悠閒又輕鬆，在天氣不錯的晚上，坐在外面或人行道上閒聊，就是正統美國大學城巔峰的最佳景象。

訪客們也有安排他們住的地方。如果來訪的是女性，Gina會把她的房間借給我，自己去和她的朋友擠；如果來訪的是男性，Wayne也會做同樣的事。因為有宿舍內務服務，所以這些客人真的像是住在免費的五星級飯店一樣。隔天，我會帶他們去上我們的課，將他們介紹給班上所有人，他們可以坐下來觀察整天的課程。之後，我們會在哈佛的主校園區內散步，參觀真正令人嘆為觀止的哈佛法律圖書館。最後坐在廣場後方的長椅上吃自製冰淇淋。最後的兩到三天，我們會去參觀麻省理工學院、著名的波士頓自由步道，還有波士頓市區。旅程最精采的部分是晚上去參觀位在保德信大樓五十二層的 Top of the Hub（中心之頂）餐廳和 lounge。從五十二樓高的地方看出去，可以三百六十度盡攬波士頓夜景，那裡還有現場演奏的爵士酒吧，很棒的混合雞尾酒和什錦甜點，從波士頓最高處餐廳看出的景象真是壯觀。如果碰上哈佛商學院的宴會，通常會

波士頓的昆西市集

選在市區時髦夜店區包下一整個俱樂部，我會介紹我的同學認識我的客人，讓他們體驗一下商學院學生狂歡、甚至是盡情喝酒的滋味。

到了第三、四個客人來訪的時候，我個人對這「哈佛商學院旅遊專案」頗為得意，因為我已確實知道人們一想到「哈佛商學院」時，心中就會浮現的想法，以及他們覺得必看的經典地點，類似於一個觀光客到紐約市時，他們必看的時代廣場；這是他們想到的第一件事。當外面的人還沒踏上哈佛土地之前，他們會想到迷人的宴會、刺激的社交生活、熱烈的課堂辯論、進入高檔俱樂部和餐廳的特權，以及聽內部人士介紹他眼中歷史悠久的哈佛校園，而我只是努力確定這些預期都能獲得滿足。

然而私底下我知道這只對了一半。這是人們想要去相信的版本，是遊客想要去看的表象，除此之外，可能會令人失望。這是電影版本，由受歡迎的偶像主演的青少年偶像劇，看起來似乎成功又有成就的人，走起路來好像生活中沒有任何煩惱。好運和快樂來的總是特別容易，這只是企業管理碩士生活的表面，在深處有無數失眠的夜晚和焦慮的早上，有極度壓力和絕望的時刻，以及不知怎的，沒有達到標準時所引發不斷的經常性苦惱，不知怎的，我們讓班上的同學和老師失望；不知怎的，我們讓家人失望；或者不知怎的，因為逼自己逼得不夠緊，未能發揮自己到這裡所有的潛能而令自己失望。這些很少在電視劇裡演出的故事，卻是進入哈佛商學院後每天所必須付出的代價。

決定加入三麗鷗

選修年開學後，我跟 Ray 保持每月一次的聯絡。學期中旬他回波士頓來出差，撥出幾個小時回來哈佛商學院。他飛抵之後，我們一起吃宵夜，然後散步到深夜，討論產業研究的進度。在他走之前，我們談了一下到他那裡上班的可能。他問我如果要回三麗鷗，有什麼關切與需求，都可以在他走之前白紙黑字寫下來。

幾個月後，我從 Ray 那裡收到一封電子郵件，他說三麗鷗的旗艦店要在紐約時代廣場重新開幕，這次他們改弦易轍，改為高階店，命名「三麗鷗精品」（Sanrio Luxe），幾週後就將盛大開幕，邀請我一起去參加。這家家族企業創立人的兒子，三麗鷗公司的第二號人物也將從日本過來，公司會招待我機票和在時代廣場飯店住一晚的費用，到時，他會將正式錄用通知書交給我。

當我轉過街角、走上旗艦店的那條街時，感覺驚喜不已，這才是貨真價實的盛大開幕儀式。店前一條大紅地毯一路鋪開，前頭有兩名保全會詢問你有沒有在賓客名單上，才讓你進入。我的名字列在其中，但是得擠過許多站在外頭，吹著紐約初冬冷冽夜風的遊客和路人，他們正好奇地往裡面瞧，想知道這是什麼樣的派對。裡面有一隻會走路的超大型 Hello Kitty，一些名人、紐約市社交人士、無數的媒體和攝影師，相機閃光燈此起彼落。角落裡有一排排的香檳酒杯；打扮光鮮的服務生端出一盤盤的開胃小菜。我跟從舊金山來的老同事打招呼，幾分鐘後，Ray 和從日本來的資深經理人走進來，和大家握手並向每一位道賀。這是我第一次見到三麗鷗的創辦家族，也是首度被介紹給日本資深經理人。我很快就會在東京和他們再度見面。不過那晚我真的好興奮，就像小孩子第一次到糖果屋，那晚也是我第一次參加紅地毯宴會。

幾週之後，我和三麗鷗簽下我畢業後正式上班的合約。Ray 在紐約市旗艦店開幕後的隔天，我們在旅館吃早餐時，把合約交給我。經過幾週最終的深思熟慮，我簽下合約，那時我考量著是要到三麗鷗或另一家管理顧問公司，然而儘管我花了幾週時間「考慮」，其實早在看到 Ray 給我的正式錄用通知書那一秒鐘，心底就知道我終將加入他的團隊。

原因很簡單，管理顧問工作對哈佛商學院和其他企業管理碩士畢業生而言相當普通。很多企業管理碩士畢業生都是到世界各地的大型管理顧問公司上班，它們都是很大的公司，學習的機會很多，如果有香港、舊金山或倫敦的大型顧問公司請我上班，我也會樂於加入。

但是能夠從商學院畢業，二十六歲就擔任經理，在像三麗鷗這樣的跨國性公司開創及領導一個專屬的部門，和我在哈佛商學院學長的營運長一起工作，加上像 Ray 這種經驗和背景的人，實在太罕見，是我絕對不能放過的機會，這種事情只可能在哈佛發生。在哈佛商學院畢業之後，能夠領導、影響並且協助營運世上最大的生活型態品牌之一，也有可能帶給全球數百萬小孩正面的影響，聽起來像是我們在哈佛商學院中研讀四十歲經理人才會遇到的情況，而這樣的機會在二十六歲就交到我的手中，真的是一生一次的機會，所以我接受了。

不再狂歡的年度舞會

從紐約回來幾週後，我們又要舉辦一年一度的舞會了，這可是哈佛商學院生活的大事。每天周旋在這些案例、報告、社交活動、紐約出差、舊金山面試之間，突然聽到刺耳的煞車聲，才會驚覺到時間怎麼過得這麼快，你就只能忙得不可開交，氣喘吁吁的追趕著，以至於無法注意到這些，結果就這麼突然到來了。

但是這一次的年度舞會不一樣。今年是在喜來登飯店（Sheraton）舉辦。一樣的程序，同班同學之前在高檔餐廳用晚餐，亮出學生證，進入旅館內封閉的樓層，裡頭有舞池和開放式吧台等著，只是這次我班上只有三分之一的同學出席，大部分人都穿著簡單的西服，有些甚至連領帶都沒繫。進入舞池時，也不是真的想要跳舞，大部分只是跟班上同學聊天，問一些最近的面試情況。大部分的尖叫聲和狂笑聲都是穿著正式、喝得爛醉的必修生發出來的。等我離開主要舞池，準備離開時，看到Cathy和Wayne在大廳划中式酒拳，還遠遠看到Gina在飯店的聖誕樹旁休息跟同學拍照。許多選修生都提早離席。我走過去，悄悄坐在Gina旁邊，我們看了彼此一眼，笑一笑，然後我起身叫Wayne和Cathy，大家共乘一輛計程車回去。沒人真的喝醉，每個人都冷靜又清醒。真的，狂歡舞會是必修生的事，在哈佛頭幾個月的期間，跟上同班同學那種課堂內的劇烈壓力和急迫感，所以放鬆強度也相對增加。對那些精疲力盡的必修生而言，在那裡狂喝豪飲是很重要的放鬆方式，就像去年的我們一樣，這是他們掙來的。但今年我們已經是選修生，沒有高度的壓力和持續的緊繃，狂歡舞會就失去它的魅力了。

那晚我們全都回到學校，並且早早上床睡覺。

成長的一部分

我在哈佛商學院最後一個寒假又回到台灣，那幾乎已成期待中的事，也就是我大概會待兩個禮拜，如果時間可以配合，我們會去幫忙那兩場哈佛商學院的說明會。

今年我只有在晶華酒店為一般大眾舉辦的那一場期間在台灣，今年的校友主代表是Angela，台灣嬌生公司總經理。去年參加的校友大部分都在忙，不克參加，所以之後去吃晚餐的人，大部分都是「年輕孩子們」，不是剛畢業就是目前還在學。像去年一樣，我經常應這些說明會參與者之邀，出去吃午餐或晚餐，那些我完全不認識的陌生人，對於申請到商學院卻有足夠的渴望與熱情，總是希望我能夠解釋得更詳細，提供更多的個人建議。有些人甚至去年就參加了，今年回來跟我說聲嗨和道謝，隔天約吃午餐再聚在一起聊聊近況。我一向很喜歡和這些陌生人共進午餐及聚在一起，這對我來說是一種回饋的方式，過去兩年我也接受過無數次他人對我慷慨的付出，我今天才能坐在這裡與大家分享，所以這是傳承下去的方式。以前，我也經常是個陌生人，坐我對面的人會給我建議、給我時間，有些還跟我保持連絡，從不要求回饋，只希望那會讓我順利一些。至少目前我可以做的，是用同樣的方式回饋其他人。這方式經常可以寬慰我的罪惡感，可以稍緩我常常在想當初怎麼到這裡來的疑慮。

然而我也常懷疑整個活動是否徒勞無功？我是否只是想要掩蓋其他的虛榮行動？依照傳統，我以前的社團「台大模擬聯合國社」在我回來的期間為我舉辦派對。我已經畢業三年半，離我當社長的時間也已經六年了，因此當我走進他們訂下一整晚的餐廳時，發現有五、六十人之多，但許多是我從來都沒見過的新成員。他們是在我畢業很久後才考進台大，加入這個社團，只聽過我的名字，卻沒見過我的人。但我的核心團隊還在，就是這些「老社員」家族在好幾年前一起創立了這個社團，從台大最小的社團，變成校園內最大也幾乎是最傑出的社團之一。

這是個盛大的派對，幾乎在台灣的每個成員都到齊了，有將近八代的社員都出席。我們先吃晚餐、玩遊戲、自我介紹後，又到 lounge 續攤，稍後 Gina 和一些哈佛商學院同學也過來加入我們。我社團裡的小女生們非常喜歡 Gina 這位超級模範生，是讀哈佛商學院的「大姊姊」，在加拿大念過書，畢業於日本頂尖大學，還在中國管理過一家工廠。她的嗜好是騎重型摩托車，舉止優雅又善於表達，小女生都用崇拜的眼光看她。對我而言，這是我在台灣停留時最精采的一段。我回來了，被一群我所草創的社團成員，被我愛的人與我最信任的團隊所包圍。

幾天後，我再次發現自己在打包，短短的假期結束了；我預定隔天回波士頓去完成最後一學期的學業，於是打電話跟老朋友道別，包括一些有參加這次聚會的人。當我興奮的重述當晚的趣事，還有和誰見面的開心時刻，不知怎地，我感覺得到那頭的聲音並非那麼熱切。

「怎麼了？」我問他。「沒什麼，」他回答：「只是我跟一些老社員聊天時，聊到我們有相同的感受，回去參加社團聚會，感覺不再一樣了。現在每當我們回去，真的感覺自己突然間到了一個年紀，在人生中這個階段，其他人總會偷偷衡量你，看你現在是在哪裡上班，到目前為止有多少成就。對這些聚會，我有種複雜的感覺，因為我總是帶著壓力感離開；某些人已經是檢察官、律師、哈佛學生、哥倫比亞或紐約大學的學生。現在你已經在開始思考和討論模擬聯合國基金會，這樣的感覺只會持續不斷。這並不是誰的錯，但這也不表示有些人不會有這種感覺。」

聽到這件事我很驚訝，過去幾個月當中，我開始從別人那裡聽到類似的反應。但這些是老朋友；沒想到這裡也會有同樣的反應。

我可以說什麼？我覺得這個時候回應任何話，諸如「還好啦，誰會在意這些事。」或「你真的想太多了，放輕鬆！」這類的話，聽起來超級空洞無益。如果一個帶給他們壓力和複雜情緒的人，這時候還告訴他們放輕鬆，不要想太多，聽起來著實令人懷疑，而且膚淺又沒誠意。

回顧以往，像他們一樣，我也有點不確定自己的感受，也不確定未來碰上像這樣的情況時，應該如何回應，不確定自己心裡會懷有多深的罪惡感。或許，想太多的人是我自己，跟哈佛、哥倫比亞、紐約大學無關，也跟某個人當律師無關，只是我太自我中心，把自己當做那個背十字架的人。但是，我不能否認那樣的反應會愈來愈常發生，而我，對這種事要再更敏感、更警覺一些。我只能承認這是成長過程的一部分。

只會發生在哈佛商學院的事

為選修年第一學期畫上句點的最後一個活動是東京三日遊，我原本預定十二月底要去印度，參加哈佛商學院的印度洗禮，那是和哈佛商學院同學與教授的印度十天行，拜訪印度幾個城市，跟政界人物及商界各行業領袖碰面，主要是想深度了解任何印度可能有的商機，學校會補助我們一半的經費。

然而這時間點印度正好發生多起恐怖炸彈攻擊事件，我們要下榻的飯店十二月初也遭到炸彈攻擊，所以全部行程都延後了，那本來是我的第一次印度之旅。

十二月我回台灣，Ray 打電話給我，他提議，說如果我不去印度，何不來趟短暫的東京之旅，看看三麗鷗總部？在夏天開始上班之前，那有助於我更詳盡及全面的了解公司風貌。

我和朋友去過日本，但都是去旅遊。這趟旅程是完全不同的經驗，在那裡的三天，我們看了東京好多家三麗鷗店面，就在我二十六歲生日那一天和公司創始人家族一同吃晚餐，他們甚至捧出蛋糕蠟燭，唱生日快樂歌，我們也拜訪了三麗鷗彩虹樂園（Puroland），這次和我以前的遊日經驗真是大不相同。

因為 Ray 在公司擔任營運長的關係，我受到的接待方式也完全不一樣。第一次去辦公室時，Ray 提到會介紹辦公室每一位同仁給我認識。總部位於一棟現代化辦公大樓的十二到二十樓。我們真的從十二樓走出來，進入每個主要部門，大部分員工一看到 Ray，馬上就站起來鞠躬，邊聽他介紹我。整整三個小時，我們就從這部門走到那部門，從這層樓到那層樓，Ray 不辭辛勞的用我聽不懂的日文，把我介紹給過來向我致意、交換名片的人。我們去彩虹樂園也是一樣，在那裡一整天的行程中，總部派一名經理陪同我一起走過整個樂園。在辦公室和樂園的期間，當 Ray 介紹我給大家認識，每個人都起身殷勤的向我鞠躬時，我真的想知道，是我在生命中的哪一刻所下的決定，導致今日這樣的結果？這是個完全不同的世界，這次是從內部、從高層來看日本。

最後一天，我們去拜訪東京的門市，Ray 看看他的手錶，說我們還有一點時間，可以順道去拜訪他的母親。我們跳進一部計程車，他只簡單的說：鳩山邸。鳩山大廈位於一座山丘上，是全東京最大的房子。以前是他曾祖父擔任首相時住的地方，Ray 的親戚現在還住在蓋在大廈後頭的其中一棟房子裡。在擁擠的東京，在這麼繁忙的市區裡，居然有六棟房子佇立在這山丘上，我們和他母親短暫會面，然後去參觀那棟已經變成博物館的大廈。

當我們走出這個車道，回到忙碌熱鬧的東京街頭時，我不得不再一次這麼想：這種故事真的只有在哈佛才會發生。

第六章

畢業在即

在課程上，哈佛商學院最後一學期和之前的學期都差不多。我們每天還是有二、三個案例，期中考和期末考間的大小測驗，還有和二、三個同學一起做的期末團體報告。九百位同學當中，或許有一半或將近一半，打從第一天開始就在找工作。那意味著對大部分人來說，在上課和準備案例之餘，還要參加公司說明會、首輪和最後一輪的面試，希望最終能夠拿到一份工作，並好好享受最後幾個月的學校生活。

但除此之外，有一種輕鬆的感覺。最後，我們確定遲早會找到工作，而此刻最重要的是，享受我們做為哈佛商學院學生最後一個學期的日子。

至於我的最後一個學期，我選了零售業、企業策略、創意行業之策略行銷（這堂課經常會有電影明星和一流電影公司的總裁親自來授課）、國際創業家，還有在中國經商，這堂課的授課老師是舉世公認最著名的哈佛學者之一，教的是現代中國經濟發展。此外，我仍然繼續幫 Ray 做一份產業研究企劃，這次和 Emmanuel 合作，共同協助分析，目標是哪個國際市場的未來成長最具有潛力。我們花了許多時間在圖書館，深入許多數據，最後把它組合成一份有圖表和曲線的 PowerPoint 檔案給 Ray。就像上學期一樣，終於從必修課程的限制當中解脫，終於可以選擇和參與我真正有興趣的課，我非常喜歡最後一個學期的學生生活，喜歡在哈佛商學院準備案例。

哈佛亞洲商業會議

經過幾個月的準備之後，我個人第二個學期最重要的事，也就是今年我擔任總召集人的哈佛亞洲商業會議終於到來。

全體六百多位學生，以及從世界各地獲邀出席的商界領袖參加了二〇〇九年哈佛亞洲商業會議。全亞洲各地飛來的大型代表團，尤其是來自中國各大學的學生及人員代表團，讓這會議所體現出來的，絕對不只是一場區域性的商業議題而已。

就整體來說，今年實在不是主辦會議的好年。以過去幾個月海外市場

來自哈佛三個學院的亞洲商業會議主要籌備幹部

的表現，外來的贊助還不到去年的三分之一，而且無論是地方或國際的旅遊活動，都處於最糟的時刻，許多會議都被迫縮小規模或減少預算。對於亞洲商業會議來說，這場有三個學院各三個總召集人，共計九個總召集人，以及由哈佛商學院、甘迺迪政治學院以及法學院共約五十名學生所主辦的年會，會議第一天就和情人節的四天長週末撞期，讓情況更是雪上加霜。但不管如何，會議終於開始的那天，儘管有這許多外在因素，看到那麼多人出席，加上演講者的素質，我們還是都鬆了一口氣，而且高興起來。這顯示現在全球對亞洲的興趣持續增加，亞洲在世界上也會扮演日益重要的角色。

今年的會議主題是全新世界裡的亞洲，我們認為這個主題很合適，有鑒於最近捲入全球市場的事件之故，使得亞洲商業社群掙扎著尋找他們新找到的角色和方向感。值得注意的重要演講包括：SK 電信（SK Telecom）執行副總裁暨南韓工業聯合法人倫理執行委員會（Executive Committee on Corporate Ethics of the Federation of Korean Industries）主席 Nam Young Chan；國際貨幣基金會（IMF）副總裁暨主掌日本海外事務的前財務部副部長加藤隆俊（Takatoshi Kato）；花旗集團副總裁暨柯林頓總統時期主掌國際事務的前美國財政部次長傑佛瑞・謝佛（Jeffrey Shafer）；以及哈佛大學魏德海中心（Weatherhead

Center）及賴世和學院（Reischauer Institute）美日關係計畫研究員暨日本新生銀行（Shinsei Bank）前董事長及執行總裁泰瑞・波提（Thierry Porte）。

和大部分會議不同的是，亞洲商業會議為期兩天，而且供應出席人員三餐，並可自由參加第一個晚上在查爾斯飯店的正式雞尾酒會，和當天演講人士碰面並討論議題，或者只是和與會伙伴社交一番。今年出席雞尾酒會的人數創三百多人新高。之後，會員可以選擇留下來登記五十個空位，參加在查爾斯飯店大廳和受邀演講人員及他們的賓客一起共用正式晚餐。

今年的會議焦點是亞洲在目前世界形勢中的狀況。過去一年，世人可見許多由不可預料的經濟、政治和社會力量所引導的新發展。面對目前全球金融危機、美國最近歷史性的總統大選、環境永續經營的持續辯論，還有再度令人憂心的國家安全和區域穩定，又一次的提醒著我們，目前存在這個世界上的種種活力和脆弱。在這個持續性變化的全新世界裡，會議試著依循幾個關鍵點去檢視亞洲，從持續的經濟發展到外交政策的徹底改變。會議十四個專題討論小組從資本市場、消費者與零售、活力和環境到國際商業仲裁，確保對於亞洲商業事務感興趣的人能有個面面俱到的討論範圍。

對許多出席的亞洲人而言，飛行二十五個小時，去參加一場在美國東岸舉辦，關於我家鄉地區和公司的商業會議，但台上那些演講的執行總裁和副總裁卻來自我家鄉兩小時車程外的企業，最初聽起來這可能會顯得有些可笑。然而，對許多參加會議的人來說，其意義已經遠大於只不過是一間學校舉辦的另一場與亞洲相關的會議。第一個現象發生在早到的出席人員已經抵達的週五下午，這是他們首度有門路來哈佛商學院校園，問哈佛商學院學生要如何前往辦理登記的史班勒館馬里帝茲室（Meredith），還有要怎麼前往奧德里奇館12室。這些人並非兩、三個毫無目的在校園中晃、在貝克圖書館前尋找最佳拍照機會的觀光客，他們當中許多人是由大學教授帶領，細心研究建築物、史班勒館裡的壁爐、奧德里奇館內最新通告的平面螢幕。沒錯，對這些老遠飛來的外國賓客來說，他們確實是來參加亞洲商業會議。但是除此之外，他們也是來參加一場有關哈佛商學院經驗的實地研究，了解是什麼造就了哈佛商學院；在奧德里奇館教室裡聽小組專題討論時，體驗哈佛商學院學生的生活方式；並和演講人士及會議主席一起參與案例般的討論，這些各具身分的演講人士及會議主席，大部分都是現任哈佛商學院教職員。

在兩天的會期裡，我們這些主辦人員穿梭在各說明會間，確定下一個專題討論小組順利組成，下一批演講人士已經抵達，他們的 PowerPoint 報告也已上傳。這時經常可以看見的景象是：哈佛商學院的主辦中國同學被團團包圍住，許多中國學生代表團熱切的詢問哈佛商學院學生的生活，還有他或她擁有什麼樣的特殊背景，才得以進來。無數來自北美洲其他商學院的學生在討論會正式結束後，還圍著專題討論人員半個多小時，很開心的，唯有在哈佛，他們才能見到這些之前只能在雜誌上看到的商界領袖本尊。而最具象徵意義的或許是，每年都有外國大學教職員帶著學生代表團前來，在聽了有關哈佛校園細微差別處的細心解釋後，毫無疑問的，他們會思考回到家鄉，回到他們的學校後可以改善的地方和事物，並期待憑著本身的條件，成為「未來的領導人」。

這些觀察提醒我們，不要忘記有幸以永遠的家庭成員，而非臨時賓客的身分實際體驗在哈佛的意義，提醒我們，在忙亂和有時妄自尊大的行程裡經常會忽略：**我們享受的資源和機會並不普通，應該要珍惜**。對許多由外往裡看的人而言，像一名學生坐在奧德里奇館12室往外看時，世界確實是個不可思議的地方。

一個哈佛大學生的故事

第二年也是回饋年。我第一次見到 Adina 是在選修年的第一個學期，我們初識時，她是哈佛大學四年級生，有著鄰家女孩的味道，很有禮貌、很聰明、很漂亮。十一月下旬，某位哈佛商學院同學介紹她跟我聯絡，因為那時她已經為畢業後找了好幾個月的工作，運氣並不怎麼樣，同時也在考慮向 Polo Ralph Lauren 求職。她寫了封電子郵件給我，問我是否可以和她見個面，喝杯咖啡，如果她對 Polo 的工作有興趣，我是否可以給她一些指點和提示。

我們約好某個週六傍晚在哈佛廣場附近的 Peet's coffee 見面，因為店裡人很多，所以我們決定沿著查爾斯河走走，自我介紹，聽聽她的故事和背景，看看是否有我幫得上忙的地方。

她把個人履歷給我看，我可以幫她改的地方不多。坦白講，她的履歷沒什麼問題，她的一切很完美；她是完美的哈佛模範學生：有完美的高中 4.0 GPA（平均分數），數學社的社長；進哈佛後，維持 3.9 的 GPA，參加許多社團擔任幹部，做志工，而且打從她大一暑假開始，就在避險基金和創投公司實習。她做了每件哈佛大學生該做的事；她提早準備，功課一定會準備好，認真過生活。然而從大四這一年開始，經過幾個月的求職，也寄出個人履歷表後，得到的面試機會還是很少，還不是工作機會，只是面試，就連面試機會都相當少。

在我看來，如果她真的想要應徵精品品牌或 Polo Ralph Lauren，有幾個字和句子她可以修改或強調，反映她對流行時尚的興趣。以她現在的簡歷來看，太過普通了，我提議協助她修改，也問她認為造成自己目前處境的主要原因是什麼。

這時我們正走過哈佛商學院校園，天色漸暗，太陽已經下山，只剩下最後微微的亮光，我注視著她，聽她講話。

「真的好不公平……每一個和我談的人總是說：哦，妳是哈佛的，妳應該很容易找到工作，經濟衰退對你們這些好學校畢業的好學生應該沒有影響。可是這並不是事實！」

我在黑暗中咯咯笑了起來。經歷過去年夏天找暑期實習工作的招募過程，感受過同樣的沮喪，我完全了解她當下的感受。

「那麼多哈佛學生競逐同樣幾個頂尖的工作，如果你像我一樣，仍然不確定哪家公司的哪個職位是你想要的，你還是考慮得太晚、太鬆懈、也太沒有焦點了。」

在我們慢慢走過哈佛商學院黑色的蔭影處時，我仔細咀嚼她說話時自然流露出的所有感情，明白我所看到的是一個覺得受騙的女孩。我們哈佛商學院的某些人也有同樣的感覺。大家都說要拿好成績，她一輩子都這麼做。然後大家說進哈佛，她就真的申請進了哈佛。在哈佛時，記得要維持 GPA 高分，參加志工服務，以顯示你對校外世界的憐憫心，同時要參加社團，確認你證明了你對自己的人生有目標和野心，她全都做了。然而到了最後，如果因為和你完全無關的原因，是你完全無法掌控的方式，經濟突然變壞，你還是找不到工作，這時只剩納悶，我究竟哪裡做錯了？Adina 是個好女孩，教養很好，彬彬有禮。就許多方面而言，或許有些被保護過度，對世界的嚴酷事實有點太過天真。而這幾個月是她這輩子頭一次碰到事情未如計畫進行；沒有因為她一切照規則來玩，就保證有快樂的結局。在二〇〇八和二〇〇九年，這是許多哈佛人才剛開始學習的課程。

「只有我們，在哈佛牆內的學生真正了解身為哈佛學生是種什麼樣的感覺。」她若有所思的輕聲說下去：「外人真的不了解那種感覺，肩上扛著父母親、社會、周遭每個人的期待，期待你成為特別的人，完成特別的事，最後我們卻連一份工作都找不到。當我們試著找人分擔這些感覺時，每個人聽了卻都只是大笑，完全不理你。他們只會再次說，妳是哈佛人。他們認為對你來說，生活中的一切都是很容易的，你的人生一定很……有時候真的很不公平。」

不，確實很不公平。這是我踏進哈佛商學院不久便得知的事實，也很快了解到那是我們進入這所學校所付出的代價，後來更學會及明白那是可以接受的。很快的，或許不是現在，Adina 也會漸漸明白，這個她才剛開始了解的代價是必須付出的，也可以接受。

之後在選修年間，我大約每個月會和 Adina 見一次面。我們通常會在哈佛附近的酒吧或 lounge 小酌。她每隔幾個星期會寄電子郵件給我，告訴我她最近面試的情況，有時候也會請我協助她準備這些面試。有時候，我會給她我從哈佛商學院校友資料庫裡搜尋到的客戶和熟人資料，最後她終於在畢業之前幾個月找到一份工作，是家位於紐約市的金融服務公司。在我們倆畢業前幾天，我們還在當地一家餐廳喝酒慶祝。到那時她已經很好，我也很好。我們在那最後一夜互相擁抱，然後各奔前程，奔向不同城鎮裡的不同事業生涯。

不可思議的二〇〇九

在世界各地的企業管理碩士生史上，尤其是對即將畢業的哈佛商學院學生來說，二〇〇九年夏天是不可思議的一年。隨著經濟衰退和那麼多金融機構破產，加上有些哈佛商學院校友也捲入醜聞或辭職，看起來世人似乎厭倦於聽到另一名哈佛商學院學生帶著每年數百萬的分紅和津貼，從金融混亂當中安然脫身。

平均來說，景氣好的時候，每名哈佛學生到了畢業時可以預期有三份職缺等著他，基本起薪大約是十萬美元。

今年不同，招募員工的公司不多，而我大部分原先考慮留在美國找工作的各國同學，紛紛回流他們的家鄉，無法確保一份具體的工作機會。在九百名畢業生當中，有許多來哈佛商學院就讀之前，都出身於一流的顧問公司或銀行，原雇主歡迎他們在哈佛商學院畢業之後回去，而這些人在厭倦了尋找同樣少數的替代選擇後，也就回鍋去了。二月時，學校就業辦公室甚至發了一封電子郵件給我們，解釋今年情況真的很不一樣，如果手邊已經有了工作，就應該要考慮簽約。今年，我們不能要求比基本薪資更高的薪水，不能要求更多津貼，或期待會有更多的工作機會。

危機的影響在哈佛商學院顯而易見。許多同學曾提過在離開哈佛商學院後，就要冒險創業的最初目標。隨著經濟衰退，集資比較困難，整體風險也高了許多，因此，取而代之，在一間大型穩定的公司裡找份好的經理人工作，似乎是比較明智的作法。今年，幾乎每個人都成了規避風險的人，許多同學之前有意願嘗試如電影製作、時尚和高科技創業等風險性較高的行業，到了最後，往往還是選擇回到他們原本在麥肯錫擔任的顧問工作。如果你只想在某個行業裡找工作，或如果你**一定要**在創投或私募股權公司，或你**一定要**在媒體製作公司而不接受其他工作，那就不保證畢業那天會有人聘用你。今年無法控制的可變因素實在太多了，即使對哈佛商學院學生而言，也是如此。

對哈佛商學院學生而言，二〇〇九年是不可思議的一年，因為在我們一百零一年的歷史裡（我們在二〇〇八年剛剛慶祝過百年校慶），由於之前校友重視個人利益、罔顧社會利益而引起的金融風暴，我們是第一班在畢業那天可以選擇是否要參加特殊儀式的學生。在儀式中，我們全部起立舉起手，莊嚴的宣讀一項誓詞，發誓身為哈佛商學院畢業生，我們不會在進入職場時，「置個

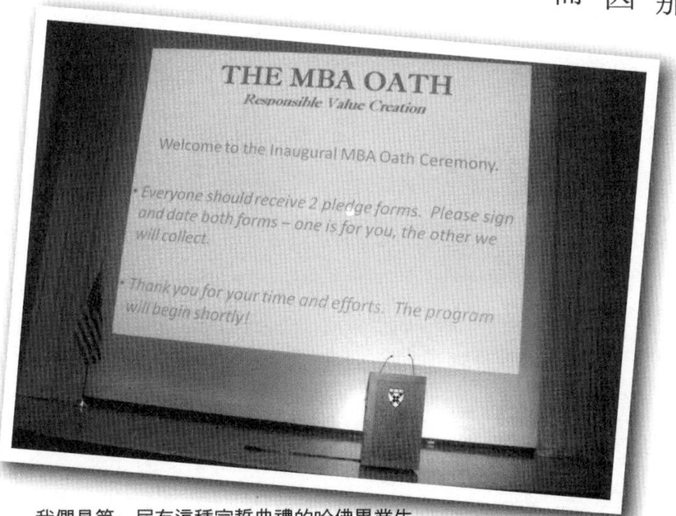

我們是第一屆有這種宣誓典禮的哈佛畢業生

人利益於社會利益之前」。這樁新聞特別刊載於《紐約時報》和許多份發行全世界的刊物上，在他們看來，這是個象徵，象徵在眼前這種時刻，即使是歷史輝煌的商學院也知道他們的新定位，知道他們在眾人眼中是該修正改進的時候了，是試著找回我們過去幾年揮霍掉的信任和信用的時候了。當我站在博登禮堂前面幾排，回頭看著我幾百位同學全體起立，手臂往前舉起，大聲重覆這段我們發誓要堅持的誓詞時，不禁想到：對哈佛商學院來說，二〇〇九年真是不可思議的一年。

消失的青春

哈佛商學院的最後幾週全是和朋友一起度過的有趣回憶。我許多朋友和同班同學這時都在計畫結婚，還有幾對已婚夫妻正期待著第一個孩子的誕生。光是在四月，我就在兩週內連續參加了兩場單身派對，還主辦了其中一場。在哈佛商學院生涯接近結束的這時，突然間生活不再全是案例、學習小組或拿一級分。真實的世界接近了，我們就只是珍惜任何在一起的最後時光。在許多個夜裡，我們真的享受電影裡經常描述的那種令人嚮往的哈佛生活：下午駕帆船，和同班同學到不錯的餐廳去吃晚餐，接著在lounge和俱樂部歡宴整夜，慶祝某人訂婚，半夜兩點吃韓國烤肉，清晨四點全身無力的躺在床上，起床，在一個小時裡讀完我們的案例，依然及時跑去上課，和我們的同學論戰，好像我們整晚都在讀書似的。在將近兩年後，我們終於得以過著說到「哈佛」和「波士頓」時，外人會想到的那種景像。

最後幾週的課程裡，我幾個同班同學在哈佛廣場附近的一家墨西哥餐廳裡碰面，談談過去兩年的所有變化，令大家感到震驚的是，單單我們班上就有近二十對訂婚或結婚。二十對！

我個人還滿討厭這種時刻的。我不喜歡聽到某位同班同學剛剛訂了婚的過程，某位同班同學又怎樣在等著她交往很久的男友求婚，還有在派對裡，我的中國大陸同學 Le 帶著他兩歲大的女兒，一看到我，他就要女兒叫我「Joey 叔叔」。身為家中的獨生子，從未真正和其他孩子一起長大，我這輩子大半時候連「Joey 哥哥」都沒被人叫過，現在突然間，我竟然變成了「Joey 叔叔」？我不喜歡這種時候，身為哈佛商學院年紀最小的學生之一，他們經常提醒我和他們在一起所必須付出的個人代價：我青春時代的消失。耳濡目染兩年的哈佛商學院經驗後，到最後經常很容易就忘記大部分同學都比我大四到七歲。到畢業時，那幾年有著天壤之別的差異；比起別人在三十或三十二歲畢業，而自己二十六歲就擁有哈佛商學院企管碩士，人生是在完全不同的階段。我感覺年輕，終於完成教育，急著要真正地展開我正式的職業生涯，看看這個世界。我希望每隔幾個月就會碰上不同事物的挑戰，每隔幾星期旅遊一次，不要想到婚姻、孩子或任何形式的家庭責任。

然而我大部分同學正好相反。拿到企管碩士學位後，他們想要安定下來，想轉換跑道，找一份不需要太常出差又高薪的工作，或許一、兩年內有孩子。我不喜歡聽到我的同班同學討論他們要如何安排婚禮，然後問我打算什麼時候安定下來。如果他們從來沒有問我，要是我身邊的每個人都沒有那麼急著跳入婚姻裡，升格為父母，那麼我就可以繼續維持我的心態，這些責任離我還有好幾年之遠，我可以想跑多遠，就跑多遠。這種時候就會讓我想到，我的二十幾歲人生怎麼了？雖然我只在哈佛商學院兩年，但在許多方面，我現在也感覺在生理和心理上，自己都年長了好幾歲，而我同學正在經歷這些人生的抉擇，還有對我的間接影響，強迫我更快速的成長。年紀輕，感覺被困住了，對人生毫無把握，漫無目的的四處徘徊，兼做一些狂野，惹些麻煩的那幾年時光呢？怎麼才幾年的時間，我就從年輕的大學生，變成了身邊不斷環繞著婚姻和家庭責任，還有安定下來的壓力，以及放棄自由的人？

帆船上的思維

我一直很想學駕帆船和開飛機。在舊金山實習的那個暑假，我曾注意到離三麗鷗辦公室僅幾哩處，就有一個小機場，可以在那裡上個人課程。我有幾個同班同學有個人飛行員執照。如果人生要真正毫無遺憾的活著，至少**嘗試著**去追尋所有個人夢想的話，那麼在我到舊金山正式上班後，會試著去拿我的飛行員執照。

不過那還有好幾個月，由於我仍在波士頓，所以在畢業之前，我想要學駕帆船。

為什麼是駕帆船呢？其實很簡單。對包括我自己在內的許多人來說，一想到哈佛，想到常春藤學校的

帆船碼頭

古老傳統，腦子裡先浮出的影像之一就是划船、駕帆船，尤其是約翰．甘迺迪駕著他家帆船的影像。如果我確定在幾個月後就會離開哈佛和波士頓，那麼我幾乎是對自己發誓，在離開之前一定要學會駕帆船，對吧？我心想人生就是累積經驗，但願長久下來，好的經驗可以累積得比壞的多，但願駕帆船是好經驗之一。

我第一堂駕帆船課是四月時和 Anuroop 以及 Hide 一起去上的。我事前做過許多研究，馬上就發現在波士頓所有帆船學校當中，有一間船屋是非營利的，任何想學的人都可以加入，申請成為會員，上一些課，通過一項口頭測驗和一項帆船裝配（裝備）考試後，就可以拿到新手駕船執照。因為是非營利的，費用相當便宜，還可以根據駕技水準無限制使用教練、課程和任何你想駛出去的船。第一週，我們三個人每週去兩、三次，十分執著於要拿到帆船執照，每上完一節課就立刻去考試。總共五個小時，我們通過所有考試，拿到了執照，並分別駕著我們的第一艘帆船前往查爾斯河。我想在這個例子裡，哈佛商學院學生都很積極的刻板印象的確是個事實。

第一堂課是駕駛帆船的基本口頭介紹。第二堂課是大家集合，其中一名志工（在那裡工作的每個人都是志工）會在九十分鐘的課程裡，詳細描述裝配一艘帆船上每樣配備的確實步驟，包括了裝配方向舵、收齊解開所有的繩索，最後豎起主帆，準備啟航。之後是相反的程序，拆卸主帆和方向舵，準備讓船靠碼頭。一開始，最艱困的部分是必須用特定的船舶模式來綁每條繩索，而且是在波士頓春天冷得讓人發顫的微風當中，於日落時分練習這些精確的步驟。第三堂課是兩小時的理論講座，以及實際練習操控帆船，加速、轉彎，把船駛出海。在第一個星期拿到執照後，我們一週會到查爾斯河一、兩次，直到畢業為止。

我們通常會在週一到週五之間課業較輕的下午，搭Gina的白色富豪汽車一起去，大約在下午四點開車到船屋，六點回來，沖澡，準備明天的案例。週六和週日也會去，船屋就在河的對岸，因為和麻省理工學院的船屋比鄰，所以在查爾斯河上駕帆船時經常會相遇，有時候在麻省理工學院的船隊和帆船操練時，還會逼近他們。

在波士頓市區中心裡的查爾斯河裡駕駛帆船很神奇，左邊是科普來廣場（Copley Square）和許多摩天大樓，包括波士頓的地標保德信大樓，而右邊是麻省理工學院和劍橋。每隔幾分鐘，在你正後方，波士頓地鐵會從橋上經過；經過時乘客經常會揮揮手。波士頓觀光是以「鴨子水陸兩棲船之旅」（Duck

Tour）著名，在二、三小時的機動旅程中，介紹波士頓所有的歷史性地標。而這段旅程的高潮是水陸兩用的觀光巴士會突然下降到查爾斯河裡，讓巴士上的遊客可以暫時航行在查爾斯河上。這些船經常會在我們駕駛帆船時經過我們身旁，在他們瘋狂拍照時，我們經常會揮手以對。

偶爾駛帆船出去時，會遇見經驗更豐富、技巧更高竿的船屋會員，他們會提議帶我們上更大、更快，以我們的新手等級無法獨自駕馭的帆船。第一位帶我們的是位哈佛校友，甘迺迪政治學院的畢業生，他的兒子和我同年。我們一起航行了兩個小時，他教我們如何處理緊急的一百八十度轉彎，和在強風中快速加速。我們聊了整個下午他在哈佛當學生時的日子，還有現在的變化。在最想不到的地方偶然碰上一位哈佛校友，心中始終有份溫暖。在那幾個鐘頭裡，我們來自何處，還有我們在那些地方是完全的陌生人都不重要了，現在我們是暫時的家庭成員，在世界其他角落裡不同的旅途中找到了彼此。

當你在查爾斯河上的微風中漂浮，聽著河水在平靜有風的日子裡緩慢流動，偶爾看看周遭的城市摩天大樓在太陽下閃閃發光，看看在查爾斯河岸邊的史多羅（Storrow）和紀念道（Memorial Drive）快速奔馳的汽車，在忙碌慌亂的生活裡，於一個上班日午後，置身在如波士頓這般繁忙的大都市裡，前述那些並陳而產生的相對寧靜，實在是偉大到會讓人心生謙卑。只要你留在自己的帆船上，順流航行而下，人生就好像來到了一個停頓點。這些會是我對波士頓城最後的印象之一，是離開它之前我最珍惜的回憶之一。在四月的那些下午，透過這些觀察看世界的我，真的很幸運。

最後的哈佛時光

我在五月初考完最後一堂考試。我記得清清楚楚，兩點左右考完，在按下電腦的「提交」鍵後，我看了看宿舍房間，試著接受我剛剛完成了最後一個案例的研讀，完成了最後的測驗。我走到史班勒館，匆忙抓了一點東西當作遲來的午餐。之後反正還得去買晚餐，所以我想應該很適合到哈佛廣場上去輕輕鬆鬆的散步沉思一下，也是我以學生身分到那裡去的最後幾趟散步，我穿好衣服就出門去。

我漫步走過甘迺迪政治學院，在廣場一家熟食店買了份現做三明治當晚餐，然後走進哈佛大學書店（Harvard Coop）。這間位於哈佛廣場中央的大型哈佛書店及禮品店，每年都吸引許多遊客前來，對許多人而言，它已經等同於哈佛，和哈佛學生一起在這裡買書，購買有哈佛商標的紀念品帶回家，成為許多人體驗在此地當學生的捷徑。因為我在美國長大，每年寒暑假又固定會從台灣飛來波士頓找舅舅一家人玩，所以兩歲時我就來過書店，十一歲時又來了一次，十五歲之後更是幾乎每年都來。我媽媽就經常開玩笑說，我應該對她和我自己承諾，將來有一天，我會以學生的身份來這裡。那似乎才是昨天的事，然而明天我便即將永遠離開哈佛。當我在廣場上四處閒逛，試著吸收這個被我稱為家兩年的社區精華，記住所有小細節時，我心想：好，媽，我進來了。不過很快的，我又要離開了。大家都問你是否進得來，彷彿進來之後，人生就一切順遂沒煩惱，但你離開之後會怎樣呢？我們畢業之後會怎樣呢？現在人生還剩下些什麼？

我的電話響起，是 Anuroop 打來的，結果發現原來我倆心思一致。他剛考完試，心中充滿著懷舊之情，仍然難以置信。我們班還有許多同學仍有一、兩科期末考要考；我們算是早考完的。

他問我在什麼地方，可不可以過來找我。幾分鐘後，我們在書店碰面。我們倆都很高興終於考完試，心中卻也記掛著那所代表的意義。書店對面有一家新開的杯子蛋糕店，我們去買了幾個蛋糕，坐在廣場中間的公共長椅子上，看著大家走來走去，誰也沒有開口，只偶爾舉起我們的 Iphone，隨意拍幾張哈佛的影像。幾分鐘後，當我們一起走回哈佛商學院校園時，也做了同樣的事，坐在連接哈佛商學院校園和哈佛廣場的安德森橋（Anderson）水泥欄杆上，查爾斯河靜靜從橋下流過。我們就只是坐在那裡，懸著雙腳，看著新學生、新遊客走過去，而河水繼續靜靜流著，新的划船隊伍在我們下面繼續練習。遠處波士頓市區的摩天樓開始亮燈了，已經接近日落時分，哈佛的另一天又要接近尾聲了。

我們兩個都無法相信自己剛剛過完我們在哈佛商學院的時光。那個下午坐在那裡，就在日落之前，我們再次環顧四周。廣場上周遭的活力和氣氛；林立街道，沿著人行道擺放桌椅的小咖啡館；從各國來的無數學生，匆匆忙忙的走過校園。這兩年已經把我們塑造成我們之後會有的、不管是像什麼

在哈佛的最後時光，我與 Anuroop 同在哈佛廣場緬舊

樣的樣子，很難相信眨眼之間就結束了。我依然記得清清楚楚，彷彿才是昨天的事，我第一次來到學校、第一堂案例討論課上的恐懼和焦慮，還有開學日演講會上，第一次和 Anuroop 比鄰而坐。

在我們倆享受哈佛商學院最後時光的此刻，我和 Anuroop 又比鄰而坐，真是適時又富詩意，就如我們首次分享最初的片刻一樣。

「這個……」我對他說：「這個景象、這些人、這種情感、這所學校……一輩子都會跟著我們，我們會告訴我們的孩子這些……」

「敬哈佛和我們在這裡的兩年，還有我們在這兩年後的未來……」他回答，同樣感慨萬千。

我們兩個都舉起了我們的杯子蛋糕，乾杯，哈佛商學院曲終人散。

第七章

身為哈佛商學院學生的意義

哈佛商學院真正代表的意義是什麼？而成為一個哈佛商學院學生又代表著什麼意義？若不是以遊客的身分，而是以一個學生的身份走在教室大樓間，會是什麼樣的感覺？

除了豪華的宴會、昂貴的教室和宿舍、嚴苛累人的案例研究訓練之外，哈佛商學院根植於我的真實人生課程，回想起來最重要的有下列這些：

事關哈佛商學院就是**要注意到每個細節**。每一個細節你都得極細心的去想、去準備，每一個偶發事故，你也得提早因應。而身為經理人，如果你可以額外多做一些事情，做一些原先沒有人預期你會做，或並不需要你來做的事情，這才是真正的領導精隨。

如果你想成為獲得真正的尊敬與權力的頂尖好手，或真正的領導人，那絕非來自不斷提醒別人你身居要職，而是要透過慈悲和專注個人的小細節，以發自內心的主動贏來。

無微不至的哈佛商學院

在許多方面，學校可以說是透過行動和例子，身體力行地試著告訴我們要如何成為未來領導人，如何管理一個機構。

哈佛商學院想到了每一件事，真正是考慮到了每一件事。

例如在學校快結束前幾個月，接近畢業的時候，我們會收到從學校就業輔導辦公室寄來的電子郵件。上面說他們知道今年因為不景氣，所以找工作比較困難，為了鼓勵同學勇於挑戰，尋求更多的工作機會，學校方面決定給所有尚未找到工作的同學一個好消息：為了參加面試所花費的任何費用，包括旅費，將一律由學校補助。這表示如果我在洛杉磯有面試，我可以搭週五晚上的班機去，在飯店過一夜，稍微休息一下並做好準備，隔天面試後再搭機回學校準備第二天的考試。任何一件事，包括飯店、機票，有時候連計程車費用和餐費，都由學校支付。好像哈佛商學院比家人更擔心我們找不到工作。

二月，當我們的印度之旅取消時，我們又收到一封電子郵件，通知我們說即便取消是因為恐怖炸彈攻擊，學校方面並沒有錯，但是有些同學因為太慢取消班機，所以要被收取一些刷卡的便利費（convenience fee）。郵件上說，因為是學校取消了這次旅行，如果有同學必須支付任何額外費用，可以向學校請款，由學校全數支付，因為這不是學生的錯，所以不該被要求付任何款項。而當初印度之旅還沒取消前，我們這些有幸上榜可以參加的人，都接到了電子郵件通知我們到辦公室去拿印度之旅行程包，裡頭有張完整的清單，建議我們該施打何種疫苗、一份電影清單——有興趣更進一步了解印度的人可以按圖索驥去看這些影片，甚至還有一本免費的《寂寞星球的印度指南》（*Lonely Planet's Guide to India*），這些全是免費的。再提醒一次，身為學生的我們從沒期待會有這些事，更不用說要去要求這些。但哈佛商學院還是把一切都安排好了。

每當我們為了針對一個主題討論，排定在每間教室內放映影片，不是為了好玩，而是課程需要時，經常發現教室前面有免費的汽水和爆米花，就連紙巾上面都有哈佛商學院的標記。如果有外賓來演講或講座，我們很想參加卻不克前往時，這些演講都有錄影，我們可以自由下載，用筆電自行觀看。

要考第一次期中考的幾週前，我們接到學校資訊科技辦公室寄來的電子郵件，要我們下載並安裝一個叫「考試」的列印驅動程式。我們照做了，因為這是我們在哈佛商學院真正的第一次考期，所以同學就開玩笑說，不曉得學校要如何在同一時間內一起給九百名學生測驗及監考。

考試當天，每一班都被指定到不同的教室去進行四個小時的考試，因為全都是考申論題，也不需要有人監考，也幾乎不可能或有理由作弊。所有教授都待在大樓外面的休息室等待，以備學生可能有任何問題要發問。

四個小時後，教授走進來宣布考試結束。每位學生應該收起他們的筆電，走到外面，並根據指示去列印後交出他們的答案。我們彼此看來看去，九百份考試要插上插頭後再慢慢安裝列印，可是要花上好幾個鐘頭的時間。

結果我們一走出教室，就有職員招手要我們上樓，而一上樓，發現有更多的職員等候著，解釋說我們可以自由選擇任何一間教室使用。每層樓都有六間教室，我隨意挑了一間人較少的教室進去，才一走進去，就大受震撼的發現教室裏每排桌子都有五、六台印表機，一共五排，總計起來有二、三十台印表機，插頭都插好，連USB的連接線也附上了。這意味著在那時候，有將近兩百台的印表機準備好讓九百名學生使用。

其餘的步驟簡單得驚人。我們迅速走到最近可用的印表機前，把USB線插到我的電腦，並且按下「列印」。因為之前就已經下載了這套軟體，我的試卷幾秒鐘就列印出來了，那要它到哪裡去呢？在每間教室的前面有九個箱子，每個盒子都標有「A班」、「B班」等等，依此類推。我的試卷共有九頁，如果我要裝訂怎麼辦？在箱子前面就有好幾十個訂書機。要是最後一秒突然需要筆或鉛筆又該怎麼辦？同樣的，在前面也準備了幾十枝鉛筆。職員也都站在前面，有問題可隨時找他們。有時候，某些同學有格式化的問題，或因為某些問題，他們的電腦或印表機無法馬上列印。我看到一位同學舉起手，前面的職員馬上就過去幫她的忙，在了解問題事關複雜的資訊科技後，那職員馬上轉身喊道：「IT」，立刻就有資訊科技技師跑過去幫忙。先前我甚至沒注意到教室後面就站著兩位資訊技師，準備好隨時為我們解決任何突發的電腦問題。

結果，就在十分鐘後，我已經從試場回到我的書桌前。只要十分鐘，哈佛商學院就能處理九百份考卷，毫無差錯。我們甚至不知道他們是從哪裡臨時找來兩百台印表機，但他們做到了。我們不禁想知道，難不成這個過程、這個經驗，也是企業管理碩士教育的一部分，不管是不是，毫無疑問的，這就是哈佛商學院的方式。

學校的財務室職員每學年會到我們班上做一次四十分鐘的簡報。藉由三十頁的 PowerPoint 向我們說明學校當年的花費情況。每一名哈佛商學院學生每年的學費大約是四萬三千美元，而學校每年花在每個企業管理碩士生身上的費用是將近這數字的三倍。每個聽到哈佛或哈佛商學院的人，馬上就聯想到它的超高學費。其實學校在每位學生身上都承受重大的赤字，甚至還沒考慮到我們許多人，包括我自己在內，都是申請獎學金來此就讀的。其餘經費主要靠來自哈佛商學院出版社、高級管理人員工商管理碩士教育課程（EMBA）和校友的捐款來彌補。如果二〇〇九年的九百名學生中，有任何人能夠成大器，我們全都知道就像今天我們從別人那裡得到那麼多的幫助，終有一天我們也要回饋，而看到學校在我們身上所做的努力和無微不至的付出後，我們也樂於如此。

財務室的人鉅細靡遺的解釋錢花在哪裡，我們的學費用在哪裡，今年學校將發展什麼樣新的計畫和課程以及它的費用。推論很簡單，如果哈佛商學院是一家公開募股公司，學生就是它的股東，我們有權利以最透明的方式來知道我們的「公司」如何營運、怎麼運用我們的錢。這種學校——學生一體的心態，是我之前在亞洲或上過的學校從未見過的。

學校的提醒

美國的感恩節在十一月的第四個星期四，在必修年時，因為是假日，所以那天放假。許多學校，包括我們學校在內，都會連星期五一起放，所以學生們有四天連假，本學年終於首度有機會回家度假。這是重要節日，大部分美國同學都會搭機回家，所以哈佛校園幾乎是空的。

感恩節的兩個禮拜前，我收到了一封電子郵件，不是哈佛商學院，而是哈佛校長寄來的，寄給數千名從海外到哈佛各科系就讀的學生。在這封長長的郵件中，首先祝福我們有個愉快的感恩節，之後才解釋感恩節的由來以及它對美國人的重要性。接著她說，因為大多數的美國學生回家度假，哈佛的教職員擔心海外來的學生因距離遙遠，無法回家，在這個周末會感到特別寂寞，特別想念家人。因此，下列的教授們將歡迎有興趣到他們波士頓的家裡，和他們的家人共度佳節的學生。當然名額有限，但是如果你報了名參與，他們的家人會來接你，你就像家人一樣，歡迎到他們家中共享晚餐。

名單上有數十名哈佛教職員，各系所都有。有時候就像這樣，雖然學校給人的印象像是「又大又有錢」，但表現得卻不像。相反的，它倒像是溫暖的小家庭。不管你是從哪裡來的，又有什麼樣的背景，只要你是哈佛的學生，你就是哈佛家庭的一份子。

如果要我用一句話來總結，那會是：「當你在上位時，**經常是一些額外的動作、額外的努力，特別是你不需要去做或沒人期望你會做的事，你卻都做到了，你才真正是所謂的領導者。**」

每學年末，當我們因為畢業要永遠離開哈佛商學院，或因為必修生結束要搬出我們一年級的宿舍時，就會發生這樣的好典範。每個人都在打包裝箱，在要搬出去的幾個星期之前，我們這些住在宿舍的人會收到一封郵件，上面寫著在搬出去期間，幾乎每個人都會丟掉不要的衣服或用品。身為幸運的人不應該浪費，把其他人或許還用得上的東西隨意丟棄。為了讓事情更加方便，也鼓勵我們捐贈，在每棟宿舍建築的大廳，都放置了一個大型紙箱，我們可以將不需要但差堪使用的東西放進去。在學年結束後，學校會收集所有的箱子，捐給附近的遊民之家。

每年在大家要搬出去之前數週，郵件就會準時寄過來，每年這些箱子也會準時的出現在大廳裡。現在連想到要搬出未來的公寓時，我自動就會想到附近有沒有捐獻箱或捐獻的機會。**這就是教育，考慮到最枝微末節，其他的就不用再多說了。**

另一個好例子是：當我們適應了必修年一個月後，有一天早上在上「領導與管理」時，凱普蘭教授說學校要他宣布一個重要訊息。他說從今天起連續幾週，哈佛商學院將開放給全球各地的人預約，來和我們一起坐在課堂上上課。不需任何費用，不需任何資格，只要有興趣或考慮申請哈佛商學院，都可以先來看看上課情形，只要在線上預約就可以了。辦公室會寄通知給每一班，而在上課前，我們的班代表會到辦公室去接旁聽的人。他們會坐在前幾排，可以完整上完八十分鐘的課程，就像這裡的學生一樣。

哈佛商學院可以做到此為止，以我的觀察，允許任何人都可以免費來哈佛商學院上課已經是夠殷勤的了。不，凱普蘭教授又繼續說下去。

如果我們今天班上有三位旁聽生，那麼辦公室會給我們班代表旁聽者的名字、背景資料摘要、曾在哪裡就讀、目前在哪裡工作，還有他們的家鄉在哪裡。課堂一開始，他們就會像家庭成員一樣受到歡迎並加以介紹。他還說，如果有某位旁聽生是來自你的國家，或你的大學母校，請在課後花幾分鐘和他們講講話，歡迎他們，問他們有沒有任何進一步的問題，我們應該讓他們覺得賓至如歸，也該小心謹慎。因為根據計算，接下來幾年內，今日大多數的訪客都會試著申請哈佛商學院，但並非所有人都可以進來就讀。因此在這教室裡和我們短暫相處，以及在課內或課後跟我們說說話的任何機會，我們做的任何評論，我們對他們所做的任何動作，都大有可能成為他們未來工作生涯中對哈佛商學院唯一的印象。如果我們自大又無禮，那餘生他們將永遠記住哈佛商學院的學生既自大又令人討厭。請記住讓他們在這短短的幾分鐘內感受到歡迎，他們是我們的客人，我們則代表學校。

綜觀我整個受教育過程，我曾在台灣某些頂尖學校待過，碰過某些亞洲最優秀的學生。但我首先就要告訴你，到目前為止，只有哈佛會特別確定，儘管我們可能會被視為最頂尖或最頂尖的學生之一，卻不該表現出那副模樣。在亞洲或台灣許多地方，一想到排名在前的學校，就會想到認真讀書好幾年，成功通過考試，於是到了學生終於要入學時，就會有種榮耀上身的感覺，看我們終於考上最高學府，因為我們努力付出掙得，所以這是我們應得的。考不上的人，就表示他們沒有這種能力。學校本身也經常表現出反映學生這種信念的行為，常大剌剌地誇耀這樣的信念，說他們就是第一名，而你就是拿他們沒輒。

這也可能也會在哈佛發生，或許就某些方面而言也確實如此。但是在我的經驗裡，從來沒遇到一所學校或機構，能夠如此大費周章的告訴自己和他們的學生，說我們不應該那樣。簡單的說，真正的領導風格和真摯的誠意，就發自這樣的時刻。學校沒有必要，而且坦白說，若學校沒有這樣做，也沒有人會說什麼，所以學校真的沒必要特別的慷慨行事，對我們可能不會再見的陌生人那麼親切，對將來可能是其他學校的學生那麼有禮貌、那麼謙遜。

重點是：哈佛商學院真的沒有必要做這些事，但它卻做到了，也提醒我們，任何時候我們都應該記住這些例子，而我們確實應該記住。

嚴苛的訓練造就未來的輕鬆以對

當我被問到關於哈佛經驗時，一般外人在聽了一些故事後，很容易就會將哈佛商學院的生活想成是闊綽精英或特權人士的嘻鬧和遊戲。關於這一點，如果我沒有講清楚，請容許我最後再強調一次。**有不少時候，特別是在必修年，我認為哈佛商學院的生活是我這輩子以來所碰過最艱辛的學生生活，根據我的求學經驗，是最嚴酷、最具挑戰性、也是我所經歷過最不鬆懈、最嚴密的教育訓練**。我之前講過，好像每天都在準備大學的期末考，但是從進哈佛商學院第一天開始，一直到完成最後的期末考為止才結束，無一例外。前一個晚上沒睡好，昨天生病了，或你只是缺乏信心，不那麼喜歡社交生活，這些事都不重要，無一例外，你每天都必須來上課、發言、挑戰別人的看法、捍衛自己的觀點。不知道 Excel？去學，馬上就學，明天就用。不知道財務，沒經驗過銀行業務？誰管你，你現在是成人了，自己想辦法處理。沒人管你每晚是否得多花五個鐘頭，一直讀到凌晨三點，反正你就是要能在六點起床，七點半趕上學習小組的討論。每個人都理應跟得上、能討論、充滿進取心，同時還有徵才活動，要社交，要邊喝香檳還始終保持笑容，像是世上沒有任何煩惱一樣。你覺得累、想家、擔心被擊垮？其他人也一樣，但沒有人放棄。你有問題嗎？去解決，再繼續往前走。

在哈佛商學院的生活並不全都是嘻鬧。**要能驕傲的穿上有著哈佛商學院徽章的衣服，要付出相當的代價。**

但是在你去做第一天的暑假實習工作，或接任企業管理碩士畢業後第一份工作時，這一切付出都值得了。我記得在Polo工作的第一週之後，我曾這麼想：哇，在哈佛讀了一年之後，在公司裡一天上班八小時根本就是在度假。在每個週末於氣氛高度緊繃的舞會上，與所有的哈佛商學院學生交際應酬後，和一般員工打交道及並肩工作就顯得容易和有趣多了。

回顧以往，哈佛商學院做得最好的是：幫你準備好進入真實的世界。當然很痛苦，但是這肯定會讓你更強壯，幾乎再沒有任何事情能夠嚇到你、威脅你或打敗你了。

哈佛經驗的影響

就比較輕鬆的一面而言，哈佛商學院經驗的另一個重要部分是，我首度接觸到訂製西服，或者說是高級男裝訂製服。開學後，我們就會開始收到傳單和衣服樣本，仔細打聽過後，原來他們是旅行裁縫師，會到全世界各地的大都市去為顧客製作專屬的手工西服。這裡頭有些裁縫師父還專門為世界各地的商學院服務，他們會於就在哈佛商學院隔壁的查爾斯飯店待三到五天，和幾乎全部來自哈佛商學院或哈佛法學院的顧客碰面。必修生那年我沒有時間，但是在Polo Ralph Lauren做過暑期實習生後，我對高級男裝訂製的過程充滿了高度興趣，於是在選修這年和兩位商學院裁縫約了見面。

會面大約會進行一個小時，讓他為你量身，他總共寫下三十五項之多，接著由你來挑選新西服及襯衫的式樣、設計和布料，西裝會在一個月內做好、寄給你。因為現在他們每學期都會到哈佛商學院、華頓和史丹佛，也建立了一定的名聲，他們的廣告詞是：設計時髦品質高，價錢卻很平實。第二次碰面我走進去時，看到一個同學還在選他的布料，他訂了三套西服和領帶，說他下個月有個面試，看起來稱頭很重要。再說，我們幾個月後就要畢業了，之後會需要幾套好的西裝與襯衫，而這輕鬆、休閒又沒那麼昂貴的選擇，是了解購買一套好的訂製服裡裡外外的好方法，同時也取得我們在未來事業中毫無疑問會需要的品味和經驗。

就像其他事情一樣，哈佛商學院影響了你去察覺到生命中比較細微的事情，就算你不要，也從來沒有想過自己竟然會如此。

就讀哈佛商學院一年後，回到「真實世界」開始我的暑假實習，以及後來回台灣去看家人朋友，我注意到哈佛商學院也直接讓我開始顯現出一些不好的習慣。

哈佛商學院裡每個人講話都很快，在這裡待了幾個月後，那就變成了一種習慣，因為每回我們在課堂上發言時，都只有幾秒鐘可以說出自己的觀點，還得一直擔心在講完之前會被打斷。我在進哈佛之前說話就快，現在讓我自己都覺得震驚的是，離開哈佛時，我說得更快，而且經常給周圍的人一種錯誤的印象：既然我說話總是這麼快，那我要不是洩氣或不耐煩，不然就是兩者皆有。嚴重到現在每逢我開口時，都會有意識的提醒自己說話要慢一點。

然而，就許多方面而言，我真的很容易不耐煩，還經常發生在生活中最隨意的小事上，剛開始這真的讓我自己都嚇一跳。在兩年日復一日，幾乎每一分鐘和每一小時都計畫好，而幾乎每件學校排定的事情都要詳盡及準時執行，直讓人筋疲力盡的行事曆生涯後，我發現，即便在哈佛商學院之外，也會無意識的期待一模一樣的模式。

最近一趟回台灣，我發現自己在麥當勞排隊等餐時竟等得不耐煩起來，櫃檯服務人員要我等大麥克三分鐘，結果五分鐘後才好，發現自己會因為等得比她原先承諾的久而感到煩躁，連我都感到震驚。還有在幾次和朋友聊天的場合裡，當他們說得特別慢而且好像沒有重點時，我還真的開口要求他們可不可以**說快一點**，或者**說重點**。

好玩的是，就在那些時刻中，在我的心態裡，感覺起來竟然不是那麼的不講理，在被那樣鞭策和訓練兩年後，我只是習慣人人都遵循根植於我們心中那麼久的相同模式和原則，以至於我真的**忘了**現在我已經回到了真實世界，不再在哈佛商學院的環境裡，不曉得許多歷史悠久的負面企業管理碩士樣板是不是也是從類似的風潮開始的。

終於，我發現了自己在我想要找的大部分事情上，無意識的運用起哈佛商學院的標準，讓我在連自己都不知道的情況下，變得過份要求和吹毛求疵。最好的例子就是五月我在舊金山找公寓時。起先我的目標公寓很簡單，我不要太貴的，也不真的需要一個寬敞或豪華的空間，我只要一間感覺和加勒廷館的宿舍房間一樣的公寓，在每個晚上回家時，不會有壓抑的感覺。

看過幾十間公寓後，而且還是覺得它們大部分採光都太暗，或者屋齡太老時，我突然了解到，儘管我認為自己並沒有太挑剔，事實上我幾乎是到了要求太高的程度。只因為在加勒廷館住了一年，而現在已經習慣了哈佛商學院生活的標準，我自然而然把那拿來當我一切的基準，包括找一間好像「簡單」的公寓。每每隨著我們慢慢適應了哈佛商學院環境外的生活，我們也慢慢了解到哈佛商學院的兩年對我們造成多深的影響，而且這影響還會不斷繼續下去。

勇於發言但不一定真的了解

哈佛商學院裡有個有名的笑話，說如果你問我們的老闆，你們最不喜歡哈佛商學院學生的什麼時，答案經常是：

「幾乎在討論所有的主題時，哈佛商學院的學生講起來都頭頭是道，就好像他們是那個領域裡的大師和專家，實際上，對於自己所說的一切，他們根本就毫無概念。」

這笑話我在校園裡或晚宴上聽過多次，而毫無例外，每次聽，所有哈佛商學院學生都還是會捧腹大笑。

因為在許多方面而言，這實在是再真實不過，這可能是苛責哈佛商學院學生的首要理由之一，也是我們很多人自己都會同意的看法。

以邏輯來推想，儘管案例方式立意良善，訓練未來偉大的經理人可以立即思考，並且針對幾乎所有議題，都能在短短幾秒鐘內反應，信心滿滿地加以分析及捍衛自己的觀點。但我們在哈佛商學院研讀的方式，幾乎都是鼓勵我們說話，即便根本沒有什麼好說的也要發言。

比如說，我們有個關於在義大利的核子反應投資案例，在教這案例的課堂前夜，我們花了一個小時研讀，並為明天的課堂討論做準備，所有的相關資料和數字已經都在個案中，我們只需要仔細思索即可。

但在幾個小時後的隔天早上，我們馬上就會被問到，同時期待給個答案，好像我們是經驗豐富的工業經理。我們如果是義大利核子反應工業的專家和總裁，會怎麼做？如果認真思考一下，就會發現這件事很荒謬。首先，我們很多人根本沒去過義大利，第二，除了幾個小時前才讀到的案例，大部分人先前和核子反應工業既無關係，也無經驗。然而因為我們在大部分的課上都要試著發言，而且大約每三節課中，就有一節要高談闊論，就算根本不知道自己在講些什麼，在談到一個我們一無所知的國家或者工業時，我們還是得自信滿滿的舉手，並且說得好像我們都是那領域的專家一樣。在一堂只有八十分鐘的課裡，我們能夠變得多專業？

哈佛商學院最棒的事就是在每天教兩、三個案例的累積下，到我們畢業時，讀的個案已經超過了五百個，而且幾乎涉及各行各業。可是我們對任何一個案例的認識會有多深？而既然我們總是被期待要像專業經理人一樣的回答及分析每個問題，從來沒有真正踏入那領域的我們的想法會有多實際？到最後，這種教學方式通常營造了一個特定的環境，鼓勵了自信過度的個人在做高層決定時更加輕率，對於事情細節甚至不怎麼了解。而我們都習慣了發言，一杯在手，面帶微笑的發言；這是到畢業時，我們已經玩得爐火純青的全套遊戲。

東西方教育心態的差別

在波士頓時，我們經常有機會和其他商學院的學生碰面，也經常會出現一個有趣的現象，我個人把它說成：「東西方教育心態的差別」。

簡單來說，當我們在參加者大都來自波士頓各校的台灣或亞洲學生宴會中時，經常向其他企業管理碩士的學生自我介紹，有好幾次會碰到某件事：當我向其他台灣來的企業管理碩士班學生介紹自己後，他們往往馬上就問：「哇，哈佛商學院；你的 GMAT 一定很高。」

那是我個人覺得拿來問哈佛商學院學生最奇怪的其中一個問題。開始到哈佛商學院上學後，或和哈佛商學院同學第一次見面時，根本沒有人會互相問彼此的 GMAT 分數有多高。

我通常會露出一個奇怪的表情說：「不，我的 GMAT 只是一般程度，不是很高；你的分數多高？」

等他們回答後，會發現大部分時候他們的 GMAT 分數都比我高得多，於是困惑的他們接著就會問：「那你的 GPA 一定很高，對不對？」

又是一個奇怪的問題，不，我的 GPA 也很普通，你的有多高？同樣的，他們的 GPA 通常也都比我的高許多。

現在真的令他們很迷惑，於是他們會問：「那你是如何申請到哈佛商學院的？為什麼我們不能？」

從頭來，你申請哈佛商學院了嗎？有趣的是，他們大部分都沒有，我問了一下他們的背景，結果發現他們年紀都比我大，有更多年的工作經驗，而絕大部分人都和我一樣，是畢業於國立台灣大學。

那麼，這故事的重點在哪？

在我看來，這是東西方差異的另一個既大又簡單的例子，小小的差異結果將最優秀的海外學子，以及從台灣來的最棒的學生徹底分開，到你出國念企業管理碩士時，看看已經產生了多大的不同。

模式幾乎都一模一樣：他們有高得多的GMAT，幾近完美的GPA，畢業於亞洲最棒的學校，然而他們連嘗試申請哈佛商學院的動作都沒做，只因為哈佛商學院好像太遙遠、太不可能、也太高不可攀了。我要再說一次，如果你連試都不試，怎麼知道結果一定會如此？台灣學生及許多亞洲學生似乎都認為從頂尖亞洲大學畢業，差不多等於只能申請到美國排名四十的學校，於是他們只申請排名在三十到五十之間的學校，要是被三十二名錄取心滿意足了。是誰告訴你好的台灣學生應該滿足於三十二名的學校？還有，除非你已經試過第一到第三十一名的學校，否則你怎麼知道自己不夠好？**長久灌注的自我設限感、過於謙卑的謙虛感，以及對所得到的一切要知足的這種根深柢固的心態，外加永遠缺乏自信的陰影；正是讓最後的結果南轅北轍的源頭。**

第二部分同樣明顯。大家第一個反應就是問我們的GMAT有多高，然後是我們的GPA有多高。同樣的，這些問題在哈佛商學院裡從來不曾被提及過。因為哈佛商學院的每個人都知道，如果你進了哈佛商學院，或任何前二十名的商學院，幾乎都和高分沒有什麼關係。事實上他們最早會問這些事，也就顯示出一直把重點放在分數上這種根深柢固的亞洲人教育心態，其實分數最終跟你在真實世界的表現關係甚少。大部分時候，他們的GMAT或GPA總是比我高的這個事實，只是更具諷刺意味，也更加突顯這一點而已。

別誤會我的意思，就世界優秀商學院而言，分數很重要。但和亞洲人不一樣，國外研究所不會只因為你比另一個人的分數低幾分，或是你的GPA比其他人低一點就拒絕你。只要你的分數大約在平均值上，那讓你勝出的理由是：你有什麼特別的地方？你和全世界另一萬名申請者有什麼不同？我們為什麼一定要接受你，而拒絕其他九千人？你要如何包裝自己，說服我們？

「特別」和「與眾不同」這些觀念對最優秀的台灣學生來說，往往扞格不入。台灣學生長久以來已被灌輸要專注在分數、課程和考試上的想法。請相信我講的這件事：當你和來自世界各地一萬名學生競爭時，不論你的GMAT或GPA有多高，都沒有特別之處。一定有人更高，一定有人擁有更完美的在校紀錄。

讓你被選中的理由是，你對自己有多了解，你對真實世界的運作了解多少，還有，當你有機會以幾分鐘時間說服周遭那些人以及學校相信你是多麼的與眾不同和特別，如果他們沒有接受你，會有多大的損失時，你有多自信。

這些才是我們該問的問題。

一樣的瘋狂心態

我很早就注意到的某件事是，我許多哈佛商學院的同學有著相同的人格特質。這些特質有些好，有些不好，但全都符合哈佛商學院學生的本質，或者說符合進入頂尖商學院的那種學生所必須擁有的心態。

例如在期末考期間，寫完考卷後，我們必須按下「提交」，以確定我們的檔案上傳無誤。就如對所有事情都過度謹慎的人一樣，我會在初次上傳之後，確實的按下「提交」鍵，連線下載我的考卷，以便再次檢查是否已經正確上傳，而且為了以防萬一，會再「提交」一次，前後總共三次，以確定一切都沒問題。事後我會心想自己瘋了，但我就是控制不了。

一個小時後，幾個同學和我搭計程車前往波士頓市區，打算看電影度過那夜，急著慶祝期末考結束。我坐在副駕駛座，大家坐在後面。我無意中聽到這樣的對話：

第一個人對第二個人說：「那麼這次你上傳了考卷幾遍？」

第二個人咯咯笑著說：「四遍。我總是會好緊張。我得把它下載下來，親自看到，以確定第一次的上傳正確。但在我下載之後，又怕我把它毀了，結果就是再上傳一遍，蓋過第一次的上傳……」

第三人說：「哦……我每次考試都那樣做……」

我心想，哇，那麼瘋狂的不是只有我一個……

另一個讓我經常覺得好玩，而且就許多方面來說都具有象徵意義的場景，是史班勒館餐廳裡的午餐人龍。在必修年的頭幾個月裡，我帶的是一般手機。必修這一年每個人都很忙，總是匆忙趕著上課、參加活動、聚會，而且似乎總是充滿了活力；人人總是非常積極、有幹勁、總是跑來跑去、總是說個不停。

然而，午餐排隊人龍則正好是相反的極端，達到會讓哈佛商學院的學生不自在的程度。在那幾個月裡，只要我一排到長長的午餐隊伍裡，不論是等飯或三明治，都會立刻感到不自在。這些隊伍平均大約要排十分鐘，在哈佛商學院的術語裡，那代表我們得站漫長辛苦的十分鐘，不動，沒有一個真正或假裝的理由來表現忙碌或興奮。那會讓你感覺像個輸家，好像世上除了你，每個人都有談話對象，有地方可以去。你會看看你前面和你後面的人，大家都在想同一件事，但要脫離這種困境最安全的方法是表現出忙碌的樣子，好像你的肩上扛著這個世界，不能被打擾；畢竟你是很重要又很忙碌的哈佛商學院學生。

那時頭幾次在隊伍中時很尷尬，因為和我許多有黑莓機的哈佛商學院同學不一樣，我無法假裝在看電子郵件，假裝被工作纏身。我也常常在想自己是不是唯一有偏執狂，唯一沒有安全感的人。

到了選修那一年開始時，到處可見Iphone，因此我百分之七十的同學，包括我自己，都有Iphone。救世主！我在哈佛商學院剩下的日子，再也不需要擔心被人視為輸家，被人視為一個人站在那裡，沒和重要人士聊上話的人。我只需要拿出我的Iphone，查看一下我的電子郵件、上網看最新電影消息，或者看Youtube上最新的有趣影片，只要看起來好像忙碌、疲倦、重要的樣子就好。

有一次在班上度假後返回哈佛商學院校園的車程上，同班同學和我一一檢視我們在哈佛商學院看到的好玩和有趣的事。我提起這件事，大夥兒馬上狂笑起來，他們全都這麼做，大家都注意到了。那時我開始了解到，的確，對一個能夠打敗世界上好幾千名最優秀的學生，進入哈佛商學院，度過事實上是和九百個同學日日競爭的兩年的人，幾乎人人都有相同的性格特點，同樣的實力，也往往有同樣的弱點。如果你走進哈佛商學院的午餐隊伍裡，百分之八十的人都會低頭看並玩起他們的Iphone。想到這裡，我們全都放聲大笑。

就像一而再、再而三的送出我們的考卷，像這樣的片刻很有趣，但也得以真實一窺哈佛商學院學生的心理狀態。

在歷史之前卑微

畢業前幾週，學校開始在貝克圖書館地下室的走廊牆上加掛了更多的畫作和照片。如果你住在宿舍裡，而且習慣走這些地道上下課，還有每次在學校餐廳用晚餐時，一天總會經過這些走廊許多次。

這些照片當中有許多都深具歷史意義：黑白照片，顯示差不多一百年前工人如何建造每棟建築，它們當時的藍圖，捐贈好幾百萬蓋該建築物的富裕成功校友家族，還有和建築今日模樣的對照。

我經常樂於挑晚上走過這些走廊，這時的走廊沒有其他人，非常安靜。經常晚上晚一點洗過澡，想起我得去信箱拿信時，我就會一個人走過這些走廊，看著這些照片，清楚的知道這是我最後幾星期的哈佛商學院生活。

其中一張照片特別令我印象深刻，那是一張只給行人使用，沒有汽車的人行橋建造和交接典禮的照片，橫跨在查爾斯河上方，連接哈佛商學院校園和劍橋其他部分，今天學生只知道它叫做「人行橋」。

我更仔細看著那張黑白照片，它被稱為「紀念橋」，在通行啟用典禮上，地方士紳和政治人物都在場觀禮。由於是一座紀念橋，最有可能是築來紀念軍人，橋末端有許多穿軍服的士兵往上舉著旗子和旗幟，氣氛莊嚴肅穆。照片下方有個日期：攝於一九二七。

我想了一下在二〇〇九年當下的那座橋。無數哈佛商學院學生和我每天越過那座橋，它是我們哈佛商學院生活如此不可或缺的一部分，以至於我們從來沒有真正的思索過這座橋。我原本以為，或許它是三十、也或許是四十年前建造的，根本不知道它是座紀念橋，而且在八十二年前就建造好了。

那一刻，那一晚，夜半獨自一人在空蕩和充滿歷史意味的哈佛商學院走廊裡，我感覺渺小和卑微。我只是經過這些走廊、越過那座人行橋的云云眾生之一，而照片中那些人現在早都已經離開人世，或許連他們的名字也早都已經被遺忘。而我是現在站在這裡的許多人之一，八十多年之後看著他們，他們在照片中的剪影，看著他們那天早上驕傲的站在風中，他們留給世人的遺產。不知怎的，我就是覺得和這些我從不認識的陌生人之間有種關聯，以及身在這幅巨大拼圖中的自我存在感。

在許多方面，唯有在你置身於這個圈圈之外，撞進了一個比你的世界還要大許多的世界時，你才會了解，有些事變得多麼不重要和不必要。

來訪的朋友時常會問我：「你和中國大陸的人相處得如何？」我的回答呢？「我們相處得不錯，就像其他任何國籍的人一樣，或許還更親近，因為我們終究有某些共同的歷史，還有某些共識。只要不嚴肅的提及政治，我們都一樣。我們一起過中國農曆年，一起去參加亞洲宴會。常常如果我想借車子或需要人家幫個忙時，我同班的中國大陸學生之一 Le，會是我第一個去找的人。」

我聽過一種說法，之後無論我到何處，始終記在心裡：「在一天之末，你從哪裡來、你的國籍是哪裡、你認同哪個民族並不重要，人人有著同樣的夢、同樣的恐懼、對於未來也有著同樣的憧憬。」

有時在哈佛商學院，特別是在課堂上時，學校讓你感覺自己比蒼穹更偉大，我們將要出去管理最大的公司，要成為最成功企業集團的領導人，甚至管理國家。也有像這樣的時候：學校，還有學校過去的歷史，會讓你感覺渺小又無關緊要，只是時間進程的一個小小光點。如果你明天消失了，不久，大家就會忘了你的名字，就連你是否存在過都不重要。

這些片刻是好的。這些古老的走廊、這些歷史悠久的橋樑和這些年代久遠的校友，他們提醒我們自己的身份，我們打從哪裡來，還有，這個世界並沒有，也不應該以我們為中心。他們提醒我們自己真正的份量，而在全面性的宏觀時，任何爭執、任何爭論、任何怨恨，相對之下經常是那麼微不足道。

我尤其記得我們在「領導與管理」上過的一個案例，我們並沒有討論大公司或其成功到不行的經理人。那個「領導與管理」的案例很簡單，只有幾頁，分成兩部分。第一部分是對未來八個不同的願景，由八位一九七九年哈佛商學院畢業班學生在畢業之前寫下，想像在二十年後的哈佛商學院同窗會上，他們會身居何位，這期間又發生過什麼事。另一部分是一九九九年時，這八個人真的回來參加了他們的同窗會，再度應要求描述**真正**發生的事，以及他們原本的夢想和現實之間的差異。

一九七九年寫的故事並不令人驚

哈佛大學圖書館

訝。八個人中的大部分都寫著預見自己先到一家大型企業工作，之後不是成為資深管理階層，就是成功開創了自己的公司。在最後的短短結語中，大家都期待自己到了一九九九年時，會有快樂的家庭、參與慈善事業和非營利組織活動。故事很簡單，充滿了年輕人的夢想，那種人生剛起步、任何事都有可能的夢想。

一九九九年的故事出現了強烈的對比。其中一人在一九七九年之後沒幾年就和妻子離婚，而這件事似乎對他之後的事業產生莫大的影響。另一位在一九七九年後的短短幾年間，就快要成為她公司最年輕的高階經理人之一，這時她生下一個有障礙的孩子。因為孩子，她稍後下了痛苦的決定，辭掉工作和大有可為的前途，照顧她的孩子一直到他長大成人。一九九九年之前幾年，她已經是一個和這疾病有關的非營利組織董事。她在結語中寫道，她的人生結果和她原先所想像的完全不同，但現在她仍然覺得滿足、充實，因為可以透過這個非營利組織，貢獻給她的兒子和社會。而另外一位現在已是中年人的校友，仍和過去幾年一樣，擔任中階管理階層的角色。他在一九九九年的故事是揣想著，現在是否要接受他的事業大半不會再有太多進步空間的時候了，是接受人生就是如此，同時更加關注家庭和孩子發展的時候。八個故事大都有以下的共同主題：失望、命運的無常、改變、適應、家庭責任、曾經有過的期待憧憬、還有當一個人還年輕，剛剛起步時的夢想，與日常生活的嚴酷現實及事情經常不在掌制之中的並置。八名校友當中，只有兩位寫著二十年後，他們在一九七九年開始著手去做的每件事，大部分都完成了。你大可以愛怎麼計畫和希望就怎麼計畫和希望，但是到頭來，人生總是會讓你驚訝，這似乎就是要傳遞給我們的訊息。

必修那年在學校最後幾天的某天，院長走進我們的教室，祝福我們暑期實習順利，過個精采的夏天。十個班他都會一一道別，我永遠記得他說的話；尤其是結尾並非我或我們任何人原先所能料到的。

「你們現在要離開去暑期實習，那裡也大有可能成為你畢業之後去服務的公司，因此對許多人來說，這個夏天是人生一個新頁的開始，是你後哈佛商學院生涯的開始，我祝各位事事順利。」

他停頓了一下。

「但是在你們走之前，我希望你們記得一件事：你們是哈佛商學院的學生。在人生當中，這個夏天，還有在往後的階段，你們全都會出去，盡全力成為領導人、執行長、總裁。」

他停頓了一下。

「但是你們當中有許多人會失敗。」

此時，教室裡一片死寂，這番話當然不是我們任何人所預期的。

「我希望各位記得，你們大部分人都會去嘗試；有些人會成功完成他們人生想要完成的每一件事，但你們當中許多人都不會成功，不過那沒關係，這就是人生。**重要的是過程，重要的是嘗試，就算對哈佛商學院的學生來說，也是如此。**記住這一點，並祝各位好運。」

在那幾秒當中，在大家衝出門、準備開始暑期工作之前，我可以明顯感覺到先前充滿急切、生猛活力和一抹精疲力盡的整個室內，剎那間冷靜下來。

學校一直很擅長這方面的事，當你需要感覺偉大時，讓你感覺偉大，而突然間，當你應該感到渺小時，讓你感覺到渺小。

人生某些時候是有我們全都感覺偉大的片刻。但大部分時候，我們只是像其他人一樣渺小。

明白那一點是哈佛商學院經驗的一部分。

持續一輩子的哈佛商學院經驗

如果你現在去看哈佛商學院的網站，首頁上面會標示著：「為了兩年。以及一輩子的領導統御力。」還是哈佛商學院學生時，我並沒有真的太注意那句話。但是在我畢業幾個星期後的現在，我開始了解那句話原來是真的。

首先，哈佛和哈佛商學院協會及校友俱樂部幾乎遍及世界上每一座主要城市。我一畢業，學校就寄了一封電子郵件給我，列出世界各地所有我可以加入和聯繫的主要校友俱樂部。這些一流的俱樂部會所中，許多都有餐廳、lounge、酒吧、娛樂室、健身房，甚至旅館房間，通常只有哈佛成員才能申請為會員。

最近，我一直收到哈佛傳來的有關校友活動的電子郵件，包括校友假期旅遊行程套裝、哈佛校友信用卡、校友組團遊覽世界各地的博物館，甚至還有哈佛校友在你城市裡的野餐會，哈佛的朋友及家族週六下午一起過來社交、連絡感情，並做貿易上的聯繫。這些活動許多並非你想得到的那種一般旅行社的福利。例如，最近廣告的旅行是即將成行的哈佛校友及家庭埃及之旅，一團多達八十名的成員可以加入世界著名的哈佛教職員和哈佛博物館員工，遊覽當地所有著名的歷史景點。再仔細研究那十四天的行程，顯示所有膳宿全都是預期中的哈佛商學院標準：一架私人包機、五星級飯店住宿、造訪城市當地最佳的推薦餐廳。

第一次收到這些電子郵件時，你絕對無法理解我們哈佛「家族」細節、準備和範圍之大。校方甚至通知我們，在接下來幾年，我們會開始收到有關同學訂婚、結婚或甚至為人父母的通知，全都附有照片，直接以電子郵件寄給我們。

去年夏天，每當我和 Ray 在研究可能的商業發展企劃時，每當我們討論一個有潛力的新行業商業構想時，常常他要求我做的第一件事就是搜尋七萬名哈佛商學院校友的資料庫。如果我在尋找奇異公司一個可能的門路時，就在哈佛商學院資料庫裡打上奇異。如果想詢問和迪士尼的合夥機會，我不會傻傻的在網路上查閱他們的公開號碼，然後打電話到他們的辦公室。不會，就到資料庫裡去尋找迪士尼。大半時候，許多資深管理階層，通常是總裁或執行長，會是我們的校友，而我們可以用同為哈佛商學院校友的身份，寄電子郵件或打電話給他們。比起像大家一樣打電話給大廳一樓的祕書要快得多，也更有效率。

這就是我們的世界，也就是哈佛商學院的世界運作的方式，在幕後祕密進行。而去年夏天，是我頭一次窺見自己即將踏進的世界，還有商業交易以及沉默同盟是如何開始形成的；藉由在哈佛商學院資料庫裡簡易的搜尋，一個你後半輩子都可以使用的資料庫。

在過去兩年的最後，有些事我現在才開始了解。沒錯，哈佛商學院的教室過程在短短兩年裡開始與結束，但事實上，畢業才是真正的開始。**事實上，哈佛商學院的經驗會持續一生**。

第八章

畢業典禮，以及之後

我在哈佛商學院的最後一堂課是四月二十八日，在奧德里奇館二樓的「國際創業家」。幾乎每個細節我都記得一清二楚，因為知道哈佛商學院經驗已經接近尾聲，而我就像許多同學一樣，那天也帶了相機到學校。我們拍了好多照片，拍其他同學，拍課堂上的教授、拍最後要離開教室時的照片。我們幾乎每個人也都拍了一張從自己平常座位的角度看出去的照片，從這個角度看著整個教室，在我們舉起手時，九十雙眼睛看著我們，還有寫著我們全名的小牌子擺在座位前。那堂課很特別，因為那堂課的授課教授也將離開哈佛，所以那也是他最後一堂的哈佛商學院經驗。我們全都起立為他鼓掌，直到他揮手、道別，走出教室為止。

就這樣，眨眼間，兩年哈佛商學院的課，將近六百個案例研究，還有近七十個學分完成了。

踏出奧德里奇館要回宿舍時，戶外正是棒得不得了的東岸氣候。剛過中午不久，燦爛太陽高高掛著，陽光穿過百年老樹和樹葉灑下來，漂亮極了。在穿過貝克草坪回加勒廷館的途中，只見貝克圖書館高聳壯觀地矗立著，正對面是正在努力操練的哈佛大學船隊，划過了查爾斯河。遠方佇立著長久以來被視為哈佛象徵的古老紅色鐘樓，一如幾百年前學生經過此地時的模樣。我慢慢地走，每隔幾秒鐘就停下來，用我的 Iphone 捕捉回我房間這短短的一段路，我身為哈佛商學院學生會走的最後一段路程。

實在很難相信，經過好幾個月的焦慮和準備，不過是二十七個月前，我才剛抵達這座校園，一切都彷如昨日。即便是那些不好的回憶，像是每天早上天亮之前就起床，忙亂的沖澡，然後衝出門，就走這條小路，只是方向相反，朝西大道一號公寓的會客廳衝，趕著參加七點半的學習小組討論。獨自一人冷得發抖，走在幾乎全黑的清晨裡，不曉得今天自己的表現是否跟得上同組的夥伴，這一切都還只像是昨天的事。然而今日一眼望去，對外人來說，這些都是哈佛原本就呈現出的美麗景象，陽光燦爛，鳥兒、松鼠和兔子四處嬉

自奧德里奇館回宿舍的路是我兩年哈佛商學生生涯的象徵

戲，而且就在一個多月之後，來自世界各地的無數家長會湧向貝克草坪，就在我宿舍窗子外，陪伴我們踏出哈佛商學院，進入真實世界。

畢業之前

但是離六月四日的畢業典禮差不多還有五個星期之久。期末考一直進行到五月五日，接著學校希望學生們先回家一段時間，找找朋友和家人，或者和同學或家人再度外出旅行和度假。在那之後，許多人，包括我在內，會前往新城市或新國家幾天，四處看看。這段時間可以去找未來要住的公寓、鎖定未來要用的車子，讓一切準備就緒，以便在畢業之後可以立即搬家。我們必須在六月九日搬出宿舍，到六月九日之前，所有的管線都要關掉，箱子要送到暫時存放的倉庫，稍後會寄到我們的新地址，接著就道別了。

我在舊金山停留了近兩個禮拜，在那裡試開了一些車子，並看了近二十五間公寓。正準備選訂我上班附近的城外一處社區新公寓時，有一次和 Ray 及他家人一起晚餐，他建議，對我這樣一個職場新鮮人來說，為了自己和公司，應該選擇住在城裡。他提到哈佛和史丹佛校友經常會舉辦活動，以加強彼此的關係和生意機會，而這些活動都在城裡舉行。因為許多活動都會喝酒，住在舊金山市區外三、四十分鐘，如果我像他一樣有個家庭，或許可以理解，但那表示經常得放棄這些對一個初出茅廬的人來說能夠真正建立起未來商業聯絡資料庫的有用社交活動。

有道理。離開舊金山去參加畢業典禮的前一天，我繳了舊金山市區一間不錯公寓的保證金，離舊金山著名的聯合廣場（Union Square）只有幾分鐘路程。我要回波士頓去參加畢業典禮，回台灣去看朋友和家人三個星期，然後在七月一日搬進新公寓。

令人難忘的典禮

波士頓的畢業週盛況非常壯觀。波士頓市周圍有八所大大小小的大學，包括了最知名的如麻省理工學院、哈佛大學、波士頓學院和波士頓大學。隨著每所大學同樣在六月第一週有好幾千名畢業生踏出校門，整個波士頓地區也就擠滿了好幾萬名的家長、朋友和家人，全帶著燦爛的笑容和大大的相機四處晃，而疲憊的畢業生則帶著他們忙碌穿梭在一個個觀光景點間，還經常會在同一個地點遇見同學和他們的家人。這些景點都是可以拍到最好的照片，帶回家去炫耀的地點，如哈佛廣場、麻省理工學院草坪、科普來廣場上的商店、昆西市集

（Quincy Market）、查爾斯河下的小船、中國城、里戈海鮮（Legal Seafood）、保德信大樓五十二樓中心之頂舒適的餐酒吧，甚至是到波士頓外車程四十五鐘的暢貨中心購物。事實上，我甚至在同一天裡碰見兩位同學也帶他們的家人到同一個地點，相遇時，他們也給了我同樣的傻笑，意思是：沒錯，我們都有同樣的想法，對吧？大家都帶家人到同樣的地點，而且在我爸媽抵達之前，我們全都對照筆記，看可能漏掉了哪些地點。

Gina的父母親在五月二十八日就抵達，是第一對，我爸媽五月三十日來，到六月二日時，幾乎大家的家人都到了。那一週剩下的時間，波士頓其實是個充滿歡樂氣氛的城市，因為人行道上全擠滿了一家家的人，從哈佛商學院校園走到哈佛廣場時，一定會碰見一家家的人在拍全家福照片。

我們班還表演了一段案例討論模仿秀，讓我們的家人看看教室辯論的模樣。我們決議了一個案例，並在六月三日那天預約了一間夠大的教室，讓學生坐在中間，家長坐在旁邊，然後我們像平常的案例日，和我們的教授辯論。之後我帶爸媽到處走走，為他們仔細介紹校園、教室、活動室、體育館、院長室、圖書館，所有的一切，我們甚至在哈佛商學院禮品店裡停留了一個小時之久。這是我能以哈佛學生證買哈佛紀念品打八五折的最後幾天。

六月三日是值得紀念的一晚。所有台灣學生約好晚上六點半在計程車招呼站集合，帶著自己的父母一起來。我們早在幾個月前就講好了，如果我們這些台灣同學安排一個晚餐會，讓所有家長在聽了其他同學及家長們兩年的點點滴滴後，終於可以面對面以國語自由自在的交談，那一定很棒。為了讓氣氛更輕鬆，Gina 預約了一家中國海鮮餐廳，由孩子們請客。

那是我所參加過最令人難忘的社交晚宴之一，在場的每個人，尤其是家長們，既好奇又輕鬆。最後我終於明白，在為人父母的生涯中，這是一場家長們既不需要擔心問起其他家長的孩子會冒犯到對方，也無須掛懷會太過炫耀自己孩子的晚宴，每個哈佛畢業生都坐在他們父母親身旁，每個人都是平等

哈佛商學院台灣同學一起宴請父母，以示謝意

的。沒有牽強的讚美，不用尷尬迴避每個孩子的表現，沒有不知所措的沉默時刻。再過不到十二個小時就是畢業典禮了，每個孩子都很開心自己辦到了，滿足了父母的期望與榮耀了父母，而每位家長都很開心可以坐在這裡親眼見證。

畢業典禮在哈佛是一場浩大的工程，每個學院的畢業生，商學院、法學院、牙醫學院、政治學院，全都要在早上六點半集合，排隊前往哈佛主校區。六千七百七十七位學生將在那裡由哈佛校長珠・佛斯特（Drew Faust）授予畢業證書。而那只是哈佛大學校本部的儀式。早上十一點結束後，每個學院再回到他們獨立的校園裡，用過學校提供的簡單午餐，開始他們自己學院的學位授予儀式。那天早上，哈佛的警察封閉了哈佛廣場週邊許多主要道路，幾千名穿著畢業袍的學生朝著有三百七十年歷史之久的校區走去。波士頓的新聞會播放畢業典禮，還可見到如中國中央電視臺（CCTV）和日本廣播公司（NHK）國際新聞頻道的攝影團隊。

至於哈佛商學院的學生，六點半就在貝克圖書館前依班別集合。學院又做了周全的考慮。桌上準備了免費的咖啡、茶或水，還有服務生為漫長的典禮行程發放免費早餐。我們再次和同學們打招呼，大家都穿著畢業袍，這天，每個人都忙著拍照，我們班某個同學還帶了一整盒的甜甜圈給大家分享。

開始朝主校區走時，我們經過一座人行橋，橋下交通繁忙。走過時，幾乎每輛經過我們下方的車都會按喇叭，有些甚至還伸出一隻手來揮舞。在這種時候，我真的愛極了波士頓。踏上跨越查爾斯河的人行橋時，橋下的船隊就像過去兩年一樣划過。大家都說哈佛畢業典禮那天總是會下雨，但我們很幸運，今年陽光十分燦爛，樹葉油綠，熟悉的波士頓寒氣消失了，所有的一切都很完美，今天是畢業的好日子。

過了那座橋，再幾個路口就要進入哈佛主校區時，警察越來越多。旁觀民眾也開始集結在人行道上揮手祝賀。素來富有盛名的《深紅哈佛》（*The Harvard Crimson*）刊物的學生，開始把這份一八七三年創刊，由學生主導報紙的畢業特刊免費發送給所有走向主校區的畢業生當紀念，我們全都拿了一份。

不久，當我們等著進入主校區，在哈佛校長前的座位入座時，每所學院紛紛各自集合。我們看見政治學院畢業生走進去，每位手上都拿著一顆地球儀。我們看見牙醫學院每名畢業生都戴著和拿著醫學及牙醫設備。過去兩年裡，由於各自有獨立的校園和不同的課程，六千多名學生生活在各自的圈圈裡。直到最後在畢業典禮時，在每所學院為最後的一刻齊聚一堂時，我們才記得自己全都如此渺小，卻也是某種更偉大事物的一部分，是一種傳統，如此古老的傳統，尤其當波士頓警察最後穿著傳統愛爾蘭服裝，吹著風笛走進來時，更是如此。

在哈佛主校區的典禮很簡單，因為實際的證書頒授要回到各學院裡完成，所以在主校區的畢業典禮是比較象徵性的，每個學院的院長會依序上台，向校長介紹今年準備畢業的男女畢業生人數，而在一個象徵性的時刻裡，如女王般坐在一張高背椅上的校長表示，她同意院長的決定。一切都根據三百年的傳統完成，連畢業生代表也是如同幾百年前一樣，以拉丁文致辭。

哈佛主校區儀式的重頭戲當然是宣佈今年的哈佛榮譽博士學位獲選人。今年知名人士當中最著名的是西班牙導演阿莫多瓦（Pedro Almodóvar），他是

哈佛商學院2009年畢業典禮

以〈我的母親〉（Tode sobre mimadre）、〈玩美女人〉（Volver）等作品得過金熊獎、坎城影展、奧斯卡金像獎獎項的導演，還有剛剛派任的美國能源部長朱棣文（Steven Chu）。

儀式結束後，我們回到哈佛商學院，試著在混亂的人群裡尋找父母親。校園內巨大的帳篷和體育館裡都提供免費午餐。匆匆用過午餐後，我們再次以班別迅速集合，座位早就分配好了。院長發表畢業致辭，我們全都起立轉身，感謝家人在過去兩年高低起伏時的持續支持。我微笑著，了解到目前為止，我已經參加了五次畢業典禮，不論是在何處，是在東方和西方的畢業典禮，總是有我們向後轉，向父母親及家人致意的儀式。在那天最後，不論我們的差異、我們的出身、我們的人生故事多麼優秀，我們仍然非常相像，全部九百名的每一個人都是。

最後，終於到了真正頒發證書的時候了。因為我們壯觀的人數，還有必須一一上台，從院長手中接自己的畢業證書，再和你的班主席握手，他會面帶微笑小聲的說：「你在我們學校就讀兩年真是我們的榮幸。」的程序，所以頒發證書儀式本身就耗掉三小時。

由於我們是 A 班，所以我們最先以姓氏字母順序上台。家長們坐在後面，輪到他們孩子的班級時，他們就會擠到我們上台隊伍的最前面，試著找到最好的角度，拍到最好的照片帶回家給大家看。我們同學中有些已經有孩子的，幾乎每個上台時都是一手接證書，一手抱著孩子。三個小時整的儀式中，我們經常回頭看背景的貝克圖書館，自己拍一些查爾斯河，加上遠處古老哈佛圓頂建築及塔樓的照片，有時候則是獨自仰起頭，靜靜看了看天空幾秒鐘。

和九百位同學一起畢業是很有趣的經驗，校外的人經常問我會如何描述在哈佛商學院的人際關係。我大部分同學畢業時都已年近三十，我們已經不是孩子了，不是小學同學，甚至也不是隨時打混、講些下流笑話、一巴掌打在對方屁股上的大學同學。我和他們在一起兩年，但我們整個研究所班級實在太大了，我常在想，到底有多少人是我真正認識的。我和同班同學是很親近，但我也得承認一年要認識九十個人相當困難。過了一年級，一旦不再分班，漸漸的我開始有了自己的圈子。有特定的朋友一起去駕帆船，有特定的朋友一起去參加派對和俱樂部，還有特定的同班同學一起去看電影。至於其他許多同學，感覺上，用「同事」這名詞來形容我們的關係，比用「同學」形容還更貼切。我們一天有幾個小時在一起，坐在指定座位上討論案例，很像真實人生的工作。我三分之二的同學不是有孩子、已婚、訂婚，就是有認真交往的伴侶，所以和大學朋友不一樣，幾乎大家下課後都各自有各自的生活。我們認識彼此，因此相當客氣和友善，不過提到某些人，我們真正了解他們多少？

但在畢業典禮上，這些真的都不重要了。大家都一起拍照、微笑、擁抱。我經常認為那種激動和感情就像一起從軍一年，甚至像在戰時。在我們服役的那一年期間，我或許不是真的有機會了解我一百二十名軍中同袍的每一位，但在共同熬過基本的訓練和互相扶持，有時甚至在危險的戰火和壓力下互相掩護之後，我會永遠開心的期待有朝一日再見到他們，或者在需要的時候陪伴支持或互相幫助。當我看著周圍的同學時，我確定他們也有同樣的感覺，我們一起吃苦、忍耐、成長，直到今天，那樣就夠了，其他的都不重要了。

儀式在下午三點半結束。我爸媽和我快速走過校園，在所有主要的地點拍了照。此刻帳篷裡正在舉辦一場酒會，供應各式各樣的開胃菜和酒。我們拍完家庭照，吃了一些開胃菜，和一些人握手寒暄，和朋友及同學的家人碰頭。四點半，我就送我爸媽到機場。我爸爸在台灣是生命科學系系主任，必須趕回去參加系上第二天早上的畢業典禮。幾天之後，我也會回台灣和他們團聚，這次離開波士頓，就是永遠離開了。

就這樣，我們畢業了。

畢業之後

我在六月八日離開哈佛商學院。Gina 開車送我到波士頓羅根機場，我要從華盛頓特區轉機到東京，然後回臺北。我在六月五日拆下有線電視機上盒歸還，六月七日搬運工過來，帶走我全部十箱的東西。當我最後一次打開宿舍門環顧四周，看過去一年是我家的加勒廷館 206 室內時，仍然很難相信我就要離開了。或許因為哈佛商學院日復一日忙亂不堪的日子，過去這兩年是我這輩子過得最快的兩年，不曉得從現在開始，每一年是不是都會如大家所說的過得這麼快，人生只會加快速度，從來不會緩慢下來。

抓起行李走下樓時，我聽見電子門卡嗒關上的熟悉聲響。每天我進出那個房間時，都會聽見那卡嗒的聲音。即使現在人在舊金山，有時我仍然聽得見那卡嗒聲。現在大部分的房間都沒有人了，之前住在裡面的人都已前往世界各個不同的角落，Gina 已經開著她的富豪汽車在外面等。不曉得我還會不會再見到那輛富豪；我開它的時間就算沒比她多，可能也和她差不多。再會了，加勒廷館。

所有的一切感覺都超現實，就好像連我自己的心都不曾真正相信我就要永遠離開哈佛商學院，彷彿這只是另一個暑假，另一段離開幾個月的時間。我很快會回來，等回來的時候，大家都還在，我的老同學們、我的帆船夥伴、我週末一起喝酒和參加俱樂部的朋友，〇九年班永遠都會在；時間會放過我們，我們永遠都不需要離開哈佛商學院這完美的圈圈，前往真實世界去冒險，不需要在真實世界裡真正的焦慮、真正的失望，也不會犯下登上《華爾街日報》頭版的真正人生錯誤，這已不再只是一堂八十分鐘的個案討論。

去年寒假在桃園國際機場時，我和我母親有過一次相當類似的討論，當時我正在等回波士頓的班機，要回去上最後一個學期。這是我們許多人，台灣同學、美國人、印度人，經常會有的感覺，隨著畢業的逼近，我發現那已經是一種很難不加以理會的情緒。

有一種說法是：「如果戰爭是地獄，那麼戰爭結束後會怎麼樣？」那麼，對哈佛商學院的學生來說，如果哈佛商學院是成功的象徵，學業成就的巔峰，而且是一個人可以驕傲擁抱兩年的最高榮譽，那麼兩年後呢？當你不再是哈佛商學院的學生之後呢？

這是我們當中許多人，包括我自己在內，時常擔心害怕的想法。當我還是台大學生時，經常會看到家長帶著七歲的孩子第一次到台大校園，指著走路經過或騎在腳踏車上的學生，希望有朝一日，他們的孩子長大後能夠成為這幸運的百分之一，成為台大的學生。在台灣，台灣大學是父母對孩子最大的期望。現在在波士頓，每當週末我們走過哈佛廣場，看見遊客，有時甚至整個觀光團都是興奮的家長和他們上小學的孩子，興奮的指著校園裡數百年歷史的建築物和匆忙趕到下一間教室的忙碌學生時，我心裡就會想：如果這就是身為世上千分之一幸運的感覺，體驗身為哈佛學生的意義，如果我們現在是羨慕的象徵，是滿足了不只是台灣的家長，還包括了來自全世界驕傲的父母親的期待，那麼在哈佛之後呢？

簡單的說，因為所有台灣的家長、所有走進哈佛廣場的遊客，總是指著校園裡的學生，小聲對他們的孩子說：「或許有一天，如果你真的夠用功，就會像他們一樣，進入哈佛。」

但從來沒有人提過你進入哈佛之後會怎麼樣，離開之後又會怎麼樣？哈佛之後的人生會怎麼樣？

對我許多同學來說，這未來的未知事物是我們最大的恐懼，是我們在幾個星期後必須要面對的恐懼。過去這兩年期間，我知道在家庭派對或工作相關的社交活動裡，只要有人問起我爸媽他們的兒子在做什麼，他們都可以驕傲的說，他是哈佛商學院的學生。我一直在想，而且幾乎是難過的想，世界上能夠和哈佛商學院召喚而來的形象比拚的頭銜還真少。哈佛和企管研究生，代表他尚未進入真實的世界，他還沒有做出會將他貶入凡間的錯誤決定。所有的一切都還有可能，你可能是任何公司的任何人物，任何夢想都還是可以達到的，彼時人生是美好的，你所有的夢想都還有可能會成真。有朝一日，你可以成為Google的執行總裁或奇異的董事長，或者你也可以被吸收回來，成為台灣鴻海的高階經理人才。由期待的觀點來看，世上少有頭銜是可以和哈佛商學院學生一樣的純潔和安全。因此，我們實在害怕失去這品牌名稱後所帶給我們的安全傘。

我們經常討論，要是五年後，我們再次相聚，或者就坐在我們的父母曾驕傲的和他們的朋友及同事談到我們即將到來的哈佛畢業典禮的那張桌子旁，而我們從未真正達到隨著無限夢想而來的期待時，該怎麼辦？要是畢業五年後，我們坐在那裡，只是耐吉（Nike）一名中階經理，要怎麼辦？沒有什麼不好，只是沒什麼特別，大學畢業後在那家公司做個十年也能到升那個職位。要是我們始終沒有「飛黃騰達」，始終沒賺到一百萬美金，始終沒買豪宅，要怎麼辦？要是相反的，經過多年的大肆招搖，成為世人羨慕對象，經歷重重難關跨進門檻，然後從哈佛畢業，卻始終沒有真正符合期待，只是像大家一樣過著平凡人的生活，要怎麼辦？如果自哈佛商學院畢業只是象徵著光環逐漸褪色，在生活上永遠不會有超越成為哈佛商學院學生應該有的任何成就時，那又怎麼辦？

哈佛商學院後，我們要如何定義成功？這是打從我們踏進學校第一天起就有的迫切問題。

Jennifer 的故事是最好的例子。五月在舊金山的那個星期裡，我們經常整天耗在城裡找公寓。有天晚上，我們在史丹佛外的大學道（University Avenue）碰面，一起吃晚餐。去年夏天我實習時就住在史丹佛。用過晚餐，在街上隨意溜達時，她說起了她的故事。

「我在南達科塔州的弟弟娶了他的高中女友，已經有了一個小孩。他在我那個小家鄉裡基本上算是在擔任社工。我父親是郵差，我弟妹和我弟弟結婚時還在念大學，婚後認為自己沒必要完成大學學業，就休學了。他們結婚後，存了足夠的錢，拿到抵押貸款，最近買了一幢房子。南達科塔的房子真的好便宜，以我們哈佛商學院畢業後的薪水，我們大概可以買一幢前有綠草、後有草坪的那種房子，並在一、兩年後付清貸款。但同樣的薪水在這個城市裡，卻只夠租一間不錯的公寓。我家其他人幾乎從來沒有離開過南達科塔，我到過波士頓、舊金山，在華頓念大學，曾在香港和北京工作過，會講廣東話，而且從哈佛商學院畢業的我們，已經被哈佛和身邊所有的人洗腦，說畢業後我們要成為商業大亨，同時還要能夠平衡生活、建立一個家庭、打高爾夫球和捐款給慈善團體，如果其中有任何一項沒有做到，我們就覺得自己失敗了。

「但是我弟弟和他的家人，他從未離開過我那個小小的家鄉。他每天上班，下午五點回家，每天晚上和他年輕的家庭在一起，他的妻子甚至不需要工作。他們賺錢，還存了一點錢，但在他們心中，他們已經完成美國夢；他們是個已經擁有自己家的年輕家庭，在一個安全的小鎮裡有一份穩定的工作和不錯的生活。他們對生活的要求不多，因此他們也不需要很多。但是從我們的觀點來看，在我們搭上哈佛商學院的火車後，我們當中沒有人會回到南達科塔州，我們全都會認為那樣太乏味了。國際性在哪？令人興奮的事、高風險和高獎勵、創造新事物的追逐興奮感在哪裡？在我們看過史班勒館內部之後，當我們住在哈佛商學院的宿舍之後，當我們在 Google 工作之後，我們怎麼可能再回到我們的故鄉？一旦開始，回頭只會被視為失敗者。」

「我有同樣的感覺。」我回答：「當你了解到，就某方面而言，自己看得太多，走得太遠，永遠都無法回到你的故鄉時，就會有種悲哀的感覺。那會引導我們到哪裡去呢？」

「我們只能往前走。」Jennifer 嚴肅的說：「我每天都會問自己的問題是，在我們這些好像非常成熟洗鍊、聰明過人、理應出去改變世界、領導世界的哈佛商學院研究生，以及我在南達科塔家鄉的弟弟這兩者之間，你認為誰每天都在享受人生？你認為誰比較快樂？」

我們兩個人都陷入沉默。

「不知怎的，我不認為是我們。」她說。

這些是過去兩年一直在我腦中縈繞的想法，在 Gina 開車載著我離開哈佛商學院校園，前往機場時，也一路伴隨著我，看起來，在我哈佛商學院的時光結束後良久，這個想法也會繼續跟著我。這些圍牆之外的一切都是未知數，再見了，哈佛。

從車子後車廂拿出我的行李時，Gina 和我只是擁抱一下，因為她幾個星期後就要直接前往東京，所以選擇在波士頓多留幾天，可能六月剩下的時間會到加州，之後再回亞洲。不確定下次見面是何時何地，我們只是再次擁抱並互道珍重。我看著她最後一次揮手，開著白色富豪汽車離開了。再見了，波士頓。

兩個小實驗

六月九日到三十日我回到台灣，從搭上飛機開始，就忙著思考想在這三個星期完成的事，還有如何安排我的約會，將時間做最好的利用。那次回台期間，我有兩件真正很想嘗試的事。第一，成立台灣模擬聯合國發展基金會。身為創辦人和創始者，我必須確定在台北那幾天內可以善用我的時間，必須說服其他四名理事會成員加入，完成我們的九人理事會。我必須確定所有政府需要的文件都齊備，接下來的幾星期，我們會得到政府許可，成為正式的協會或基金會。我希望在離開台灣前，一切都能就位，可以召開第一次正式的理事會會議，這象徵運作正式開始。但對我個人而言，這也是個小實驗，我想了解，在哈佛商學院受教育後，是否可以在幾個月之內從草擬一個全新的組織到真正成立，並用最好的團隊來運作。除了是否為利益導向的商業模式之外，在台灣成立一個非營利組織和成立一家公司是類似的。這次我只是想知道我是否做得到。這只是項小實驗，以備將來有一天要是我真有心開創自己的企業時可供參考。

第二，有鑒於每年從台灣哈佛商學院校友會在台北所協調辦理的哈佛商學院發表會，都獲得廣大的迴響，我開始構思寫一本有關哈佛商學院經驗的書。為了進一步試探範圍，以及排定我在台北那幾天的聚會，我開始連絡台灣的哈佛商學院校友，詢問他們在台灣出版界是否有管道可以介紹給我。理想上，在離開台灣之前，我手上不是有一本已經談好的書，就是至少對這本書的企劃有足夠的興趣，讓我到舊金山安頓好後，就可以開始著手寫。

我寄了電子郵件給我之前在台灣哈佛商學院校友聚會上見過的台灣哈商學院校友：中磊電子創辦人暨總經理 James、德意志銀行非科技小組經理 Julian 以及台灣嬌生公司總經理 Angela Chang。三位都在四十八小時內回覆，並提供他們所能給予的協助和管道。Angela 要我打電話給她，而且在我們通過第一次電話之後，邀請我和她先生在台北的美僑俱樂部（American Club）共進週日早午餐。

我從未到過美僑俱樂部，它的前身是美軍俱樂部，當時美國仍有軍力駐台，與台灣保有正式的政治關係。不具備會員身分或沒有受邀是無法進入的。赴波士頓就學之前，在台灣從未上過長期正式班的我，很好奇另一個大部分台灣人都無法一窺究竟的商業環境內部運作情形。

享用炒蛋和香腸的同時，Angela 客氣的聽我說想寫一本有關哈佛商學院的書的計畫與動機，還有這經驗對台灣和亞洲讀者來說有什麼意義，提出意見和看法之後，接著，她提供了一些台灣最大型出版社的熟人名單，並跟我一個一個看，列出要優先連絡的人。刻不容緩，就在早餐當下，她打了電話給其中一位編輯，同時示意我靠近一點聽，我們一起用她的手機擴音器講電話。

在完成接下來幾天的行動策略後，她問我兩年的學校生活、我的背景細節，還有我對未來的計畫。她相當隨和，大方分享她所知道的事和熟人管道，聽到我之前曾寫過一份電視節目的提案，但在離家去上學前，一直沒有時間拿到台灣的製作公司去推銷時，立即表示願意介紹一位台灣的電視公司高層人士和電影製作人給我。一個禮拜後，我就在她台北的辦公室和那位製作人見了面。

在此之前，我和哈佛商學院台灣校友團體的唯一接觸機會，是過去兩個寒假期間我們回來時參加的發表會和餐會。在我成為哈佛商學院學生之前，我對他們的印象除了我自己以申請人的身分參加的發表會外，就是有關年度「台灣常春藤聯盟酒會」在台北君悅酒店舉行的新聞文章。當時我剛開始寫我的 essays 和申請書，我記得我看著照片，發現賓客們全都打上黑領結，穿著正式長禮服，啜飲香檳，還有幾名政治人物，包括現任台灣總統也出席了，一起度過雖莊嚴但美好的時光。對當時的我而言，透過局外人的眼光來看，那似乎是有錢人或成功人士的專屬派對，是世界上少數即使用金錢都無法保證拿到邀請函的。當我正在申請商學院，正在向任何一所可能會接受我的商學院申請入學許可之際，讀到那樣的內容，看到雜誌上的照片，連想都不敢想自己有可能會成為他們當中的一員。對一個當時二十三歲的年輕人而言，那個場面屬於另外一個不同的世界。我心想，人生中有許多事和人際關係有關，光憑那晚的宴會，到底有多少交易、決定和協議在美食美酒的偽裝之下，被如掮客般安排成事；也許那天晚賓客之間上的握手有間接影響到我，還有這國家、這城市其他市民的人生。

時光飛逝，兩年半後，我正坐在美僑俱樂部裡，等著 Angela 去打一通簡短電話的同時，我環顧四周，發現在那天早上的客人當中，有三分之一是外國商人、可能是政治人物還有他們的家人。幾乎所有人講的都是英文，而菜單也全是美語。在我和 Angela 談話的整個過程中，每隔幾分鐘，就會有另一間大型跨國公司的經理或董事長過來打招呼，詢問下一次碰面的時間，或只是握握手。就如之前的常春藤聯盟酒會，我想著有多少決定或交易是在這裡完成，或由這裡開始的。我正得以一瞥另一個世界的內部運作，一個我們大部分人只能在報上看到的世界。我揣想著自己這個既沒有實際工作經驗，也不是會員的人，到底是怎麼坐到這裡來的？這頓週日的早午餐是一旦你進入常春藤盟校，就可以開始享受的一輩子優勢的最佳縮影嗎？即使在台灣也是如此？這個表面上看起來悠閒非正式的鄉村俱樂部，實際上是台灣最高權力和影響力的匯集地之一？如此場景是財富、特權、還有其中祕密是如何大勢底定，關係和關聯如何分享，家庭般的聯結又是如何創造出來？當 Angela 問我是否想見那位頂尖的台灣製作人時，我不禁笑了起來。在寫成電視節目的提案後，我曾努力了三個月和許多台灣頂尖製作人接觸，收穫程度不等。然而，今年暑假，以哈佛研究生的身分回來，現在有個電話號碼可打，下週還有個可能的碰面機會等著。

別誤會了。我非常感激我許多著名的校友，還有他們這幾年來所展現的無條件支持與慷慨。回覆我每封電子郵件，應許我每個要求，回答我每個問題。那個下午當我走出美僑俱樂部時，我心中多少有種想法，就是不在這裡展開工作生涯很遺憾。覺得在這裡的短暫時間裡，我短暫瞥見了幾年前只能在報紙上讀到的生活。我知道還有許多要探索，有許多要了解，這點 Angela 也會同意的，我不僅獲益良多，往後也能給予回饋。

各奔前程

在獲邀至高雄和台中的大學企業管理碩士班演講，在台北成立了一場公開說明會，以及開了第一場模擬聯合國推展協會理事會議，並和一家家出版社碰面，我回台這段期間，同一個地方停留不超過四天。然而，我待在臺灣的三個星期非常幸運。協會的創立很成功，談成了一筆重要的出書交易，還有在書出版時，台灣哈佛商學院校友團體的支持。見過老朋友，也兌現了承諾。我帶著滿足的心情搭上回舊金山的飛機，確知我個人的兩項實驗都是成功的。現在只要花一點時間，深思這些成功對我的意義，以及對於未來的努力，它們代表了什麼樣的可能性和潛力。

我在六月三十日抵達舊金山，回台的三個禮拜一晃眼就過去了。那是我以學生身份在台灣的最後一個夏天。七月二十日開始上班，Ray 稍早已經通知我，上班第一天我們就將飛往洛杉磯參加一場商業會議。我只剩下幾週可以安頓、搬家、打開行李和買車。

抵達舊金山國際機場等著我臨時租的車時，我環顧了一下這個未來幾年會是我家的城市，不曉得接下來等著我的是什麼。飛機一降落在跑道上，我就急切的打開 Iphone，不耐煩的等著它連線。這是在哈佛商學院養成的壞習慣。大家都很小心，唯恐錯過最新的學校訊息、消息來源的最新商業新聞、同班同學邀請的最新派對等，每個人每隔幾分鐘就要檢查他們的 Iphone 或黑莓機。

我瀏覽過未看的信件，心想著，我的朋友們現在在世界的什麼地方？我們哈佛商學院故事的章節已經結束，他們都上哪裡去了？知道與你一起辛苦熬過兩年，幾個禮拜前的畢業典禮還在身旁的朋友們，現在分布全球，每個人都在尋找他們可寫下的故事，尋找他們可遵循的哈佛商學院期待，那種感覺實在奇妙。

畢業之後

Gina，她接下波士頓顧問公司在香港的工作，不過像我們二〇〇九年畢業班的許多人一樣，她的管理顧問工作上班日被公司從今年年底往後延到二〇一〇年四月，以削減管理成本開支。但因為她的工作經驗和流利的日文，也成功說服了波士頓顧問公司的東京分公司接受了她，畢業後即開始工作，一直待到四月為止。我們畢業數週後，她實現了從波士頓騎摩托車到洛杉磯的夢想，用二十五天橫越了整個美國。她在七月下旬離開美國前打電話給我，然後回亞洲，準備開始工作。

Wayne 由於相當明確的只聚焦在財富管理上，所以在我寫這本書期間，他還在找工作。他和雙親與哥哥展開為期一週，穿越美國的公路旅行。之後計畫再度開始找工作，看看要把焦點放在美國西岸，或許之後也可能考慮亞洲。

Cathy 接下香港貝恩的工作，上班日期也延後，但只延到二〇一〇一月。六月下旬回台灣，打算休息、睡覺，並在搬到香港開始工作之前，從事一些志工或慈善工作。

在今年畢業的台灣學生當中，Hyde 是唯一選擇回台灣的人。他接下了臺北麥肯錫的職務。正式上班日也是延到二〇一〇年四月，六月底畢業之後即返台。後來，他前往 IDG Ventures 的越南分公司實習。

Paul 繼續他對汽車的熱愛，在畢業前很久就簽約加入聖地牙哥一家汽車新創公司。公司最近宣佈計畫將一部分營運遷至路易斯安那州，他還不一定會跟著去。

我的帆船伙伴 Anuroop 繼續在世界各地旅遊。在畢業之後和他的妻子回新加坡去重新安頓之前，旅行了好幾個禮拜。二〇〇九年八月三日起在新加坡麥肯錫工作，他時常警告我他很快會造訪舊金山，要我準備好接待他。

我七月抵達舊金山後一個星期收到 Emmanuel 的電子郵件。他已經正式開始他的坦尚尼亞能源創投，至少會在那裡留到二〇〇九年夏末，看看發展如何，也考慮是否要加入歐洲三麗鷗公司。後來他於八月底加入。

在舊金山一切安頓好之後，我打電話給 Hide。他回到進哈佛商學院之前的日本製藥公司，所以是最早開始工作的同學。日本或西雅圖兩邊辦公室任他挑選，他選擇未來的兩到三年留在西雅圖，從七月份開始上班。

第九章

哈佛商學院、亞洲學生及其他

在打下這個字的此刻，我正坐在舊金山新公寓的桌前，現在是二〇〇九年的七月初，離我畢業還不到一個月，過去十天忙著到舊金山各種商店採購，和搬運工協調，從宜家買了幾十種家具回來組裝，把行李打開來整理，所以今晚是我首度有空，可以坐在電腦前寫點東西。

我往後靠，從窗戶往外看著舊金山街景，回想過去兩年在哈佛的日子，明白在人生的此時此刻，我正在一個十字路口上。哈佛商學院的保護傘已撤，十天後我就要開始上班。之前，我可以說我是大學生，或我在服兵役，等著回學校，或者說我是正在暑假實習的研究生。都過去了，毫無疑問的，現在我是個大人了，這個夏天將是我進入成人世界前最後一個夏天，而「學生」這個標籤會永遠離開我，永不復返。

離開哈佛商學院之後，展開我事業生涯第一份工作的幾天前，這十字路口是個深思的好時機：對於我來說，到底要如何定義哈佛商學院？我自己到底學到了什麼？而這些對一般的亞洲學生而言又有何意義？回顧以往，我了解到每當有人問我：「哈佛商學院是什麼？」或「是什麼讓哈佛顯得那麼特殊？」時，我幾乎總是以接下來的三個故事作為回答。

故事一：助學金信函

一年級上學期好玩的事之一，是十一月左右，學校寄來一封電子郵件，說明究竟是誰贊助了我在哈佛商學院的部分學費。那晚我一接到郵件就仔細看，時至今日，那夜仍留給我一個亙久的印象，成為對哈佛商學院下定義的一刻。

我有約半數的學費是接受贊助的，而那是由兩位校友共同贊助。第一部分源自一九七九年某個畢業班。幾個月後，也就是一年級下學期時，他們班代表回校園來履行哈佛商學院的一個傳統，也就是在院長室舉辦，有三道菜、酒和司膳總管的正式餐會。這是哈佛商學院歷史悠久的傳統，就許多方面而言，是我們「傳遞火把」的方式。在這場合裡，老校友與目前的新生碰面，討論哈佛現況和企業管理碩士課程。如果運氣好，你有可能是你贊助者唯一的受贈者，那麼在十一月時，贊助者就會親自寫封信給你，邀請你去參加一對一的正式晚餐，你們會坐下來討論功課，規劃未來的事業，看看你的良師益友未來可以給你什麼樣的協助。萬一你運氣真的不錯，和贊助者一見如故，水乳交融，接踵而來的便是工作機會、一輩子的朋友關係，甚至是未來財富累積的來源。

想想改變我們一切的，往往只是單純的一件事，經常令人覺得驚異，贊助學費這一件事連結了我們，只不過源於在我們各自人生的某個時間點上，都上了相同的哈佛企業管理碩士課程，這麼單純的一個事實。然而從那時起，因為你現在是一個「家族」的成員，所以人生理應有所改變，門扉理應開啟。就許多方面而言，像這種要回溯到如哈佛本身歷史那麼悠久的傳統，這就是常春藤聯盟傳統和排外性的縮影。

晚餐除了有同年級其他二、三十位同學之外，還有慷慨贊助者的校友代表也會親自出席，與我們一起用餐。六十幾歲的他身材魁梧、個性開朗，整個過程讓我想到那種因為家族實在是太龐大了，以至於席上大家長會記不得每個孩子名字的年度家族聚會。況且他能夠分配給每個受贊助的學生的時間，都只有十分鐘左右，接著就必須再移往下一桌。離開之前，他特地發名片給每個人，提到將來工作時，我們要隨時與他保持連絡。他是一家控股公司的執行總裁，投資在世界各地的資金有好幾億美元，沒錯，台灣也包括在內。

我得到的贊助金的另一半更有紀念價值。信的下半段提到我另一位贊助者是一九二九年的畢業生，已經過世幾十年，就連遺孀也已經過世。信中提到他沒有任何繼承人可供學校聯絡，不過，這個在我出生前幾十年就已設立的基金會在哈佛基金經理人的管理下，依然健全地運作著。相對於第一個贊助者，這次我沒有人可碰面，沒有名片可收，也無法寫致謝函，總之，就是沒有人可供我連絡。信中提到了他的全名和畢業班級，信末說**雖然我無法跟那些讓我得以來哈佛的人相見，並表達謝意，至少該記住，在我之前有成千上萬的校友，讓一切變得可能的，正是這些前人的努力。我應該要記住這一點**。

那個晚上，我的案例進度已經落後許多，也已經花了太多時間在想我的助學金，那些時間原該用來做出另一份第二天早上的財務報告以及在掌控課上要用的財務結算表，我心中有種急迫感，但內心又催促著我即刻放下這件事，回到課本和案例上。

然而出於好奇和誠摯的謝意，我還是上 google 去搜尋他的名字。覺得最起碼，我欠他那麼多，至少該努力找出這位徹底陌生，卻給我錢，讓我能夠坐在這裡的人是誰。

他是他那年代金融領域裡相當傑出的一位人士，從一九三〇年代一路成功到一九七〇年代，甚至在某段時間成為紐約股票交易所的龍頭老大。他的家族來自康乃狄克州，因為在世的時候非常傑出，所以過世時《紐約時報》還發了他的訃聞。

在亞洲，人皆有一死這種特別的認知，很少和教育過程產生聯繫，但在找到這個人的故事，親自說過，要我描繪人性與「生命」的意義時，還是覺得有困難。這是個我從來沒有見過或者認識，也永遠都沒有機會認識的人，但這個人還是透過了一連串的互相聯繫；或者說純粹只是透過命運，在我出生的幾十年前就創立了一個信託基金，並讓我在二〇〇七年受惠。到頭來，我們都只是過客，是這世界的短暫訪客。很快的，我就會和其他九百位兄弟姊妹一起畢業，就像是我之前的成千上萬，以及之後的成千上萬位一樣。在我出生之前哈佛商學院就存在了，在我離開人世之後，也依然還會存在，就像我的贊助者一樣。然而他的遺產會留下來，嘉惠一代又一代的新學生，其中包括了像我這樣的陌生人。

回想起來，我自己經常想這是哈佛鮮為人知的一面，每個人都知道這名號，忌妒美國史上有權有勢的家族；每個人都會描述在奢華大廈和豪華郵輪上所舉辦魅力十足的黑領結宴會。然而只有那些收到特定贊助信函的人會充分了解什麼叫做謙遜，這是很少人注意到的哈佛，也是捕捉到哈佛最細膩本質的一面。確實如信函在末尾所提到的，我應該要記住這一點。

故事二：男孩和他的領帶

二〇〇九年三月左右，我接到我 Polo 前上司 Evan 寫來的一封電子郵件，郵件中問我最近是否願意花一、兩個鐘頭，見見他的一個申請到哈佛商學院 2+2 課程的年輕朋友。2+2 課程是個新課程，是開給少數傑出大三生申請，保證在他們大學畢業，工作兩年後，一定接受他們入學。所以他們會在二十四歲那年註冊。他目前仍是哈佛大學四年級的學生，想要多知道一些哈佛商學院的經歷，以及接下來的幾年要怎麼做好最充足的準備。沒問題，我說，並傳了一封電子郵件給他的朋友。接下來那週，我們就在哈佛廣場星巴克碰了面。

這故事的重點何在？呼吸了哈佛商學院校園的空氣，在這裡生活了兩年，和無數哈佛商學院同學談過他們先前的背景，以及他們如何申請到入學之後，很快的，我就注意到一個模式，就是每當我和哈佛商學院的同學，或者剛申請到入學許可的學生頭一次碰面時，我們經常問彼此的第一件事就是：你有什麼故事？你做了或經歷過什麼特殊的事情？幾乎每個人都有。事實上，要進入哈佛商學院，幾乎必備一個特殊故事。光是考試得高分，拿全A，做模範生在這競技場裡還是不夠的，那完全沒有特殊之處。

他先問我，我有什麼樣的故事？我在二十歲的時候寫了一本書，而且與出版業都沒有任何淵源、也沒有經驗的情況下，想辦法說服了一家出版社在亞洲市場出版，兩年後又重複一次，在《台北時報》開了一個自己的專欄，那是我特別的故事。簡單，寫一本書，開一個專欄，追求媒體夢想，完全靠自己，二十歲。

然後換我問他，他又有什麼樣的故事？

當年他十五歲，他說，他在紐約市長大，一直都是上私立學校。美國大部分私立學校都要求穿制服打領帶，他念的私立學校也不例外。他也發現到，雖然自己年紀小，對流行卻有著強烈的興趣，特別是設計和製作自己的領帶。上高中時，他已經是打著自己做的領帶去上學。有天他靈機一動，為什麼不設計很多領帶，請紐約附近的成衣廠縫製，然後試著拿到第五大道的精品購物中心去賣？接下來他真的那樣做了。

如何創立自己的品牌？按部就班的開始下一步。他做了十幾種不同的設計，接下來找成衣廠，付錢請他們根據他給的設計圖樣製作領帶，就像 Calvin Klein 和 Ralph Lauren，他用自己的名字為這些產品命名。接下來列出第五大道上他理想中想要寄賣他領帶的頂級精品購物中心清單，親自聯絡或是問朋友以及家人的朋友，看看他們和這些購物中心有沒有聯絡管道。第五大道上的高島屋精品店同意見他，聽聽他的銷售計畫，所以這十五歲的小小高一生赴了約，隨身帶著一整個公事包的領帶樣本。一個小時後，他走了出來，世界時尚首都紐約市第五大道上的高島屋精品店，同意先買一千條領帶，看看銷售得如何。結果一個月後，全數賣光。等到他大三向哈佛商學院提出申請時，他的頂級奢華領帶產品已經進駐美國各大城市的高檔購物中心和精品店。幾年前，一個偶然的機會，日本一家大進口商暨批發商來到美國，看到了他的領帶，隨即連絡這位當時剛進大學的年輕設計家，並達成協議成為這品牌在日本買賣行銷的唯一經銷商。這位日本代表和日本時尚圈淵遠頗深，幫他大力促銷，在日本版的《GQ》雜誌上寫了很重要的一篇促銷文章，還刊出這名哈佛年輕大學生整頁的照片，介紹他一系列的領帶。這些全發生在他二十一歲之前，而他甚至還沒有從大學畢業。

他差不多就在那時候認識了 Evan，Ralph Lauren 本身一開始就是以男性領帶開啟了整個品牌和帝國，並且因而成名，所以自然而然的，Ralph Lauren 一直是他的靈感的來源和模範。他在 Evan 還在 Polo 紐約市旗艦店經理部門工作時與他認識。我問他對於他產品往後的計畫是什麼？他提及進入男裝和擴展事業的可能性，但既然這件事已經發展得相當好又穩定，他在想未來的兩年是否該先找一家大公司工作，取得更紮實的工作經驗以為企業管理碩士課程做好準備。

我跟他說了哈佛商學院上課的經驗，並對他應該依據工作經驗和學業兩者做好準備給了一些相關建議。最後半小時我們聊著流行趨勢，畢業後要做什麼以及Polo Ralph Lauren。我祝他好運，並約好未來保持聯絡。

十分鐘後，我坐在宿舍桌前，整個人迷失在思緒裡，三十分鐘後仍然如此。

我心想，哈佛商學院裡人人都有故事，我在二十歲那年出版了一本書，他在十五歲時創造他自己品牌名號的高檔豪華領帶，現在他二十一歲，管理著自己的國際產品，還上了日本的《GQ》。我暗自咯咯笑起來，原本還以為二十歲叫做年輕呢。

「Fuck！」我大叫，心情混合了好玩、佩服與挫折。

什麼是哈佛商學院？什麼是哈佛商學院學生的定義？外國人或長春藤聯盟的企業管理碩士，與一般接受台灣或亞洲教育，之後所塑造出來的學生有什麼不同？這次的星巴克會面是最好的例子，他的故事是最棒的說明。

對大部分亞洲學生，或是不管從哪裡來的大部分學生而言，開創領帶產品，然後去敲第五大道上的豪華購物店的門，聽起來都是瘋狂、不可思議的。

你怎麼會開始創造自己的流行品牌？你自己的領帶產品？過度保護我們的父母會朝我們大叫，說我們想這種沒有意義的蠢事是在浪費時間，我們應該把時間全部投注在學業和即將來臨的入學考試上。坦白來說，但我們從亞洲學校多年教育中學到的，大部分是這樣的教導：

我們並不特殊，我，這個人什麼都不是。我們改變不了世界，我們治療不好癌症，我們不會變成總統，而人生的絕大部分時光，我們連試都不應該試。不要對自己太有信心；在亞洲文化中，對自己太有信心幾乎會被視為沒禮貌。你並不比你其他同學特殊，應該循著大人幫你訂定的規則走。不要問問題，不要質疑，不要抗拒，做你的功課，好好考試，拿高分畢業，找個穩定的工作，結婚成家，不要打破傳統規則。

然而，我在這裡面看到最好的範例是什麼？哈佛的不同點是什麼？

那就是，**我這個人什麼都可以做，只要我開始嘗試，每件事都是可能的，因為要是我不試，我會失敗，並留在原地，換句話說，嘗試根本毫無風險**。如果我相信我自己，我就應該開始做、研究，然後採取行動，相信你自己。要是有人告訴你這是不可能的，說你去試、甚至去追求是個笨蛋，要是你仍然相信你的夢，相信你的能力，那麼管別人怎麼想，你至少會因為嘗試而得到尊敬。

我又聽到了同樣的故事，在十五歲成為精品設計師品牌，在二十四歲時設立基金，幫助非洲貧童。以亞洲教育心態而言，這些不過是我們跟學童開玩笑的牽強神話，沒什麼機會成真。

當人們問我哈佛是哪一點如此特別、有什麼不同時，這正是我會告訴他們的故事。這就是不同之處，這就是為什麼他們會有高一學生創立了自己的精品品牌，這就是為什麼在東方受教育的學生勢必不會如此。這裡該問的大問題不是他的設計有多好，或者他的布料有多驚人，因而造就了他的成功。不，我們需要問自己的問題是：我們的教育價值、期待和遊戲規則為什麼會那麼不一樣，以至於他有勇氣和創造力去**嘗試**，並且一開始就去叩第五大道購物中心的門？

而我們不會做，我們不敢？

我們不該忘記這一點。

故事三：一位法國同學和他的非洲基金

哈佛商學院二年級時，我開始每週固定一次和 Emmanuel 在加勒廷館的大廳玩撞球。有次結束後，我們聊起在畢業前想要追求的個人計畫和休閒活動，這是我第一次跟他提起，我要設立台灣模擬聯合國基金會的初步構想，以回饋他們讓我在大學期間有那麼多的收穫。但是，我說創立一個慈善基金是件大事，需要大筆的額外金錢，我們要到三十幾、甚或四十幾歲時，才可能有這種能力得以捐贈和創立基金會，前提還得證明事業已經成功才行。

「不，誰說的？」Emmanuel 應道：「你現在就可以設立你的基金，有什麼阻礙到你？每個人都可以創立基金會，那和你年紀多大及賺多少錢根本沒什麼關係，我在二十四歲那年就創立了自己的非洲學童基金會。」

他解釋說：「當時我在勤業眾信擔任顧問，被派到非洲一個小部落去做為期一個月的顧問企劃，那個月裡，我注意到某個村落竟然窮到學童上學時沒有紙和文具，沒有人供應得起任何東西。他們就只是去上學，老師教的能夠記住多少算多少，這很明顯阻礙了他們的學習，村落內外幾千名學童都一樣。

「一個月的案子完成後，我離開非洲回到了歐洲，可是非洲學童的影像緊跟著我。在做了些研究後，我發現只要幾千塊美元，甚至一年只需要幾百美元，就可以供應整個城鎮或村落，讓幾千名處在那種情況中的學童一整年都有紙和文具可用。這不是什麼了不起的大事，需要幾百萬美金或企業大亨來發起，我明白每個人都辦得到。當你看到第一手的問題並了解到任何人都可以解決後，很明顯的，接下來的問題就是，為什麼不能由我來做？為什麼不是我？「於是接下來幾個月，我結合了同事和管理顧問生涯中的熟人，在歐洲創立一個基金會，花了將近一年的時間來組織，以及完成所有的相關需求。緊接著，我們開始募款。我們的目標很簡單，一年一萬美金，理事會很小，不到十人，而每年當我們向私人企業、政府機構和善心捐款人士募到了目標基金後，就把錢電匯給信任的非洲熟人，簡單的說，一年只要一萬美金，就解決了那個我親眼所見非洲兒童年復一年必須面對的問題，基金會的名稱也很簡單：『人人有紙』。」

他用那麼平靜和輕鬆的方式說完故事，以至於我可以發誓，他的形容就好像只是如何組成社區的一支棒球隊那般容易。又再一次，我發現自己在宿舍裡，坐在桌子前，茫然的看著我的案子，迷失在思緒裡。

在大部分人的成長過程中，「拯救非洲貧童」這種裝飾有力話語的口號，像是一種不真實的抽象概念，是我們小時候會說，等到我們變成總統、世界領袖或世界首富時會完成的目標。幾乎就像個笑話，不是我會隨意和一個二十四歲的年輕人聯想在一起的事情，也絕對不是我會拿來和身邊任何人連結在一起的事情，更不用說是我在哈佛商學院最親近的朋友之一。

然而他卻做到了，而透過他的嘴，在他的話語裡，這件事好像再簡單不過。只不過是他到了非洲，看到了問題，明白每個人、包括他自己在內，有辦法改善那個問題。他沒有逃走，沒有視而不見，成立了他自己小小的基金，從此影響了數千名學生，就這麼簡單。

或許在亞洲，做學生的經常聽到人家說我們是沒有力量的，身為一個個體，我們的影響力微弱到根本沒有辦法進行任何有意義的改變。我們最理想的成功狀態是管好自己的事，考第一名，成為老師、醫生或教授，這些職業在亞洲是會受到他人尊敬，因而全被視為最「純潔與乾淨」的工作，不會有什麼道德和私人的風險，不怎麼需要我們邁出腳步、打破規則、帶頭來改變世界，不論那改變是多麼微小。在我們的概念裡，所謂的成功是賺得財富，讓自己和家人「繁榮興盛」，同時避開社會問題和灰色地帶的道德爭議。

或許如此，到最後這許多都歸結於文化議題、家庭包袱。但或許我們也可以爭辯說我們和世界任何人一樣，不管這些問題和議題多麼微不足道，我們就是邊看著邊繼續過日子。用知識、文化和社會包袱作為什麼都不做，作為裝瞎故意看不見的理由已經太久、太久了。

坐在宿舍寢室的那個下午，我厭惡的想著，現在連我都會感受到明明特定的問題都看見那麼久了，卻說服自己什麼都不做的罪惡感；厭惡我也逃避不了。當我二十四歲時，我腦中唯一的想法是什麼時候可以服完兵役，重新取得自由；我肯定可以進入好的企業管理碩士學校，以及我們可以把和大學朋友同遊泰國的假期延到多長這件事實？非洲和它的問題是另一個世界的事，儘管我非常同情，但和我也沒有關係。那份天真已去，我痛恨那些，但簡單的事實卻是：再一次，另一個哈佛經驗，另一個哈佛商學院同學把我逼到了解和責任的邊界，而我對世界原來的理解和我在其中的角色又要再度面臨痛苦的改變，一個人在聽到和自己差不多年紀的人當面說完這些故事後，要如何說服自己無能為力，然後選擇什麼都不做？

哈佛商學院的經驗將一直持續

我痛恨這種持續性的壓力，這種持續性的挫折，這種老是被甩在後頭的感覺。但在內心深處我知道，這就是哈佛經驗和它的核心，那是我們何以在頭幾年要付高額學費及受盡勞累的原因。

我停下來深深思考我的基金，我們很少會真正的去思考是什麼阻擋了我們去創造一些事情、去踏出第一步。**如果真正用心去想，把計畫一步步做出來，可能會很驚訝的發現：實在沒有太多事情是無法解決或克服的，只要花幾分鐘真正的想一想就好。**

現在我要為台灣的大學生，尤其是那些財力較弱的學生創辦一個基金會，有什麼阻礙在我面前嗎？

沒有。

我自己的故事

最近的經濟危機和對管理經營不當排山倒海的抗議，有些還是出自哈佛商學院的校友之手，於是在二〇〇九年以企業管理碩士的身分畢業成為一件非常有趣的事。當你提到哈佛和企業管理碩士，有時陌生人的第一個反應就不全然那麼正面；取而代之的，經常是馬上瞪你一眼，判定你是一個享受過度特權、能力被過分高估的年輕小伙子，無法百分之百信任你。

透過這段敘述，如果我還是說得不夠清楚，那麼請容我再度確認：在許多方面，我完全理解，也會同意某些評論和樣版經常讓哈佛商學院畢業生黯然失色；我承認，今日我照鏡子面對自己時，經常會想到哈佛商學院非直接影響我所呈現出來的一些壞習慣，或者特性。

然而我還是會第一個跟你說，這輩子每當我回頭看過去兩年在哈佛商學院的日子，至今它們都會是我這一生最具影響力及塑造我的歲月，而且是以非常正面的方式。

今年暑假，我終於有了新故事可以拿出來說；展現我在哈佛商學院所學的成果，從持續不斷的演講及案例研討中充了電，哈佛商學院畢業生應該追求夢想，應該心懷遠大，最後又受到前面三個故事所激勵，如今哈佛商學院對我更是潛移默化，灌輸給我更加強烈的自我強化、勇氣和謙遜。最後我決定就在二〇〇九年六月回台灣期間，著手進行兩項試驗。

一旦展開了新的旅程，一個人經常就會發現到，事情往往不像一度所認為的那樣艱困或者深奧。

混合運用了哈佛商學院認識的熟人、我自己之前的出版經驗，以及哈佛商學院教我的自信與磋商技巧，在停留台北的一週間，我成功的和許多亞洲主要出版社發行人碰了面。在一個字都還沒有真正寫下之前，就簽下了一本書的合約，單靠個人的企劃和說服技巧，而且為未來世代的台大學生成功創立了一個非營利性的模擬聯合國推展協會。

身為模擬聯合國推展協會的創辦人及現任理事長，現在協會可以提供獎學金和助學金，支持台灣很有天份、對於智識追求充滿熱情，卻無法參與國際會議事務的學生，他們或是受限於花費年年愈來愈昂貴的現實生活，或是囿於台灣艱鉅程度不斷攀升的社會及經濟因素。它也提供了一個溝通平台和校友及熟人的資料庫，協助及提供消息、參考資訊和資源給將來有興趣透過此平台參加更多的國際性相關活動，或是日後更可以透過此平台開創自己的事業，來增進自身能力的學生世代。

很多哈佛商學院台灣校友在創立這組織的過程中提供了協助，有些甚至擔任了現在的理事會成員。這協會的創立，還有我能成功賣出這本書的提案，可能是我在哈佛商學院學成經驗的最好象徵。表面上，它們代表了企業敏銳和社會成熟的新混合，以及同時運用它們的自信。然而就一個更深沉的認知而言，它們也代表著哈佛商學院教給我最棒的課程：**記住你的根；珍惜你現在所有的；記得回饋那些你之前認為理所當然而接受的一切，並且持續貢獻比個人更重要的一些事物**。這將是我的開始。這些都是哈佛商學院經驗結果最好的象徵，而且直接引導我在我哈佛商學院故事這一章接近尾聲的時候，創造了我生命的新章節、創造了我的新故事。

幾天前我跟一名經銷商買了生平第一輛車子，因為幾天後開始上班時，我每天得開十五分鐘的車去公司，所以一定要有車。在美國，按正常手續完成買賣之後把車開走，在此之前光是簽署文件、車商責任解釋、保險和信用調查等可能要花上好幾個鐘頭。因此等鑰匙交到我手中，說我可以把車從車商那裡開走時，公司會計已經熟悉我大部分的資料，包括我的學生證影本、在哈佛商學院兩年的成績以及三麗鷗的任職信函。

「哈佛商學院……」她最後再看了一遍我的文件說：「你是個非常幸運的年輕人，這年紀就可以坐在這裡，握著哈佛企業管理碩士學位，在世界上大部分的人都還在為明天的開銷和昨天的債務擔心的時候，你就要展開你的事業，你遠遠的超前……」

「噢，是的，我一直都很幸運，」我說著站起來，拿起我的文件朝門口走。「但是現在身為哈佛畢業的企業管理碩士是個奇怪時機，妳知道在我們一百零一年歷史中，我們是第一班在參加典禮時，宣誓不把個人利益擺在公司和社會利益之前的嗎？」那說明了我們所處的環境，以及面臨的考驗。

她把其餘文件和新車鑰匙交給我，微笑著說：「這個嘛，既成的事實已經無法改變，確定的是，有很多人吃足了苦頭。但那是過去的事了。今天你才剛要起步，而你得到的機會和資源是大家幾乎只能夢寐以求的，別忘了，善用這些經驗與資源，好好去回饋，做點好事。」

我朝停車場上我那輛簇新發亮的新車走過去，壓下遙控鎖，車門發出哨聲開了鎖。溫暖的加州陽光穿過樹葉，而太平洋的涼風舒服的吹過我的髮絲。坐進車子時，我特意花了一秒鐘看看周圍，耀眼的車子在陽光下閃閃發亮，遠方安撫人心的森林和山丘把海擋在我的視線之外，而在遙遠的地平線上，舊金山本身鬧烘烘、繁忙及等待著。

還有車潮、人潮和週遭的市民，忙著收支平衡、忙著送他們的小孩上學，期待著更好的明天。台北、波士頓、紐約、東京、舊金山。我又想起那個說法：在一天之末，你從哪裡來、你的國籍是哪裡、你認同那個民族並不重要。

或者以我們的情況來說，從哪個學校畢業也不重要。人人有著同樣的夢、同樣的恐懼、對於未來也有著同樣的憧憬。

「善用這些經驗與資源，好好去回饋，做點好事……」我確定這些話一輩子都會跟著我，不過同樣的話也可以套用在人生的任何機會上。我把哈佛商學院的學生證塞進牛仔褲，坐進車子，一個新的階段就要開始了。

當過哈佛商學院的學生既是一輩子的特權，同時也是一生的責任。

善用這些經驗與資源，好好去回饋，做點好事。

〈後記〉

從一場法國婚禮談起

之前提過，我被三麗鷗聘請之後，三麗鷗老闆也聘請了我的同班同學Emmanuel，但他是法國人。我們兩個都是老闆的哈佛學弟。後來我在三麗鷗待了快四年，但Emmanuel因為歐洲與日本的企業文化衝突，他覺得沉悶而無法適應，所以一年半之後就離職了。但我們倆一直保持聯絡。他是我畢業之後，關係比較親近的幾個同學之一。在他離開三麗鷗兩年多之後，我也離開了。

二〇一六年底，我們一群同學飛去法國南部的一個小鎮，參加Emmanuel的婚禮。三天兩夜的婚禮，星期五見面，星期六婚禮，星期日Parry，我順便去巴黎度假。

坦白說，那十天的歐洲之行，我有幾件事很感壓力，因為婚禮當天是二〇一六年底了，轉眼我已經從哈佛畢業六、七年了。以那個時間點來看，有兩個重大里程碑：一個是畢業後的五年同學會，另一個就是創業。

哈佛給我的歸屬感

對我來說，二〇一四年，是第一個里程碑，那是我畢業後的五年同學會。那時我沒有參加，因為當時我正準備辭掉三麗鷗的工作，搬回台灣，並開始準備創業。那幾個月就是既沒有時間，也沒有錢，更沒有精神專程飛去波士頓參加同學會。而且同學會還安排我們有一天要回到舊教室上一個案例課，也了解畢業五年之後，大家到目前為止的狀況。

過去這六、七年，和同學之間的連絡零零散散。我在紐約實習，去舊金山工作，或是外派到上海，到了陌生的城市，反射習慣就是去找哈佛同學、找校友會的人脈，大多是這類的聚會。尤其在上海或香港都有很多哈佛校友，所以每幾個月跟三、四個同學，或是一年幾次跟五、六個同學碰在一起是滿正常的。

總之，我飛往法國的前幾天持續感到焦慮，因為我沒有參加五年同學會，所以這次婚禮算是我畢業六、七年來第一次參加較正式的同學會。行前，我心中百味雜陳，就好像有五、六年沒有見到外公外婆、爺爺奶奶或那些曾經很親近的朋友，彷彿一起當過兵但多年不見，不知道現在見面的感覺如何？

許多哈佛校友說過，相較於十年同學會，五年同學會是百味雜陳的。因為五年，同學們差不多是三十五到四十歲左右，這時事業正要開始，正在邁向未來高峰的路上，有人或許剛結婚，有人或許已經有一個小孩了……等等，但大家還是年輕人，五年後第一次見面，難免還是會有暗中較勁的意味——這五年來，誰升到什麼職位、誰升合夥人、誰是第一個百萬富翁、誰有影響力……。

但是，到了十年同學會的時候，大家或多或少在社會中吃過虧、失落過、經歷過一些大起大落了。這時大概已經四十、四十五歲，小孩或許已經十歲，你有了不同的壓力，家庭或社會的現實也讓你徹底長大了。所以很多人跟我講過，十年同學會反而是最舒服的；就好像你從小一起競爭的弟弟或妹妹，現在大家都是大人了，都接受了現況，也沒有什麼好比較的。

總之，因為錯過了五年同學會，所以我要飛去法國的時候，心中興奮又帶點緊張。我看著名單中有四、五個是我在美國、亞洲時，偶爾還會見到面的同學；但有五、六個分別來自歐洲、法國等地的同學，是我畢業之後就完全沒見過面的，這是讓我緊張的原因之一。

婚禮在週六下午舉行，地點在法國一個偏僻小鎮的百年教堂。那天，我帶我女朋友遠遠地走過去的時候，看到幾個畢業後偶爾有見面的同學，很自然地互相握手、擁抱。我們幾個比較早到，就去坐右邊的男方親友桌。過了約五到十分鐘，同學們陸續來了，然後在自己較熟的同學附近坐下。不太熟的同學們也會擁抱一下，打個招呼。我女朋友坐我右邊，左邊坐一個印度人，後面坐一個美國人，美國人旁邊坐了一個巴基斯坦人，前面坐一個歐洲人。雖然我有點緊張，但看到同學還是非常開心。大家坐下之後，典禮就開始了，所以還沒有太多時間講話。

那是一個古法式婚禮，大家穿著正式西裝。新郎新娘一邊是傳統的法國基督教徒，一邊是希臘正教，我不記得誰信仰哪個教，但他們尊重彼此的信仰，特地找了一個教堂，並分別邀請兩方宗教的神父，先進行基督教再希臘正教的儀式，過程很溫馨。

典禮一開始是講法文，下半場講希臘文。我猜的啦，因為沒有人聽得懂希臘文，大家開始互相看來看去，沒有人知道現在到底在講什麼；然後有人拍了一張照片傳給大家看，說：「你看，多帥啊」、「你看，變胖了」，接著大家就開始鬧了。典禮進行到一半，我不得不承認有幾分鐘，我一直在偷笑。我感覺得出來，我的同學也在笑，好像我們又回到學校了。不管你來自哪個國家，你身在別人的國家，文化又是你不了解的，但是你東張西望時，就是有那麼幾分鐘，又回到我覺得哈佛最棒的地方——沒有人在乎你來自什麼國家，沒有人在乎你什麼膚色，沒有人在乎你什麼背景，因為你曾經來過，因為你被學校接受過。那兩年，你們就是一個家庭。那種感覺，我又回到那種感覺了，非常妙。

這十年來，我住過太多國家，搬過太多地方，我從國中搬回台灣到念大學，或多或少一直有種身分上的困惑（到現在其實都是）。十八歲上大學時，我一直以為我會找到答案；我一直以為，有一天我到美國時，會感到百分之百的舒服，覺得我回美國了；或是我去什麼國家時，我知道我是誰了。到我過了三十歲，我的結論是，這個答案無解。不管待在什麼地方，我永遠都有一種外人的感覺，會有一種受不了想要離開或是坐不住的感覺。

但是在婚禮進行的那個當下，我感覺是很OK的；在那個時刻，你會覺得不管後天我們會飛去哪個國家，都不重要了，那是一種奇怪的歸屬感，就好像昨天才畢業的那一種感覺。

我一直記得當下那個感覺。雖然大家都不知道希臘儀式在講什麼，但是畫面很美。這就是出國留學最美的一刻，一群來自四面八方不同國家的人，每個人說著不同的語言，每個人的背景都不同，但是大家從全世界飛來，就為了向一位同學的終身大事獻上祝福，即使一句話都聽不懂，仍然是很棒的美好。

晚宴時，哈佛同學坐了兩桌。等吃飯時，大家比較有時間聊聊誰在做什麼。那天晚上坐我左邊的同學是一畢業就被挖去麥肯錫，在新加坡一個很大的避險基金上班。坐我右邊的同學是印度人，他畢業後也是去管理顧問公司，三年前自己跳出來做印度的E-Commerce，類似印度amazon。其他人在銀行業、高盛……等，有的已經做到合夥人。但聽完之後，我很驚訝的是，我算是早創業的，一桌十個哈佛同學，連我在內，已經有三個在創業了。有一個同學為印度避險基金工作，他問我，什麼情況下要離開，要怎麼離開還能跟老闆保持良好關係，要怎樣開始第一步，因為他想要出來成立他自己的避險基金。令我非常驚訝的原因是，他在避險基金已經做到年薪約一千萬台幣了，職位都已經比我還高，他還要離開，然後重來一次。另外一個同學也是在大公司工作，但他半年內也要辭掉工作去自己創業。

創業，勇敢歸零

在哈佛的時候，我就聽說過，平均十個哈佛畢業生會有五個自行創業。我知道這個數字，也知道同學的個性，所以並不特別意外。但是在那次婚禮上，我赫然發現大家已經快要往那個方向走完了。十個人中已經有三個在創業了，還有二個即將要在一年內加入。那個說法是真的，我的感覺是什麼？

第一，我不孤單，我知道自己不是神經病。亞洲社會、亞洲的家長或長輩都會說「為什麼你已經做到外商主管了，還要全部重來一次」？這或許是一件很奇怪的事，也是我經常被問到的問題，但至少一起做神經病事情的，不是只有我一個人。

第二，我畢業那一年是二〇〇九年，那是金融危機的第一年，經濟很不景氣，所以要創業很難，投資人的錢也不多；因為經濟不景氣，我那一屆大部分的同學，就業方向是與其去銀行業、顧問業，不如去一般公司，例如Google、Apple。但我印象很深刻的是，畢業五個月後，我上班的第三個月就收到一位同學的群組e-mail，說他創業了，在網路上賣汽車保險。這是一種破壞式創新，顧客不用到保險公司去買汽車保險，而是根據你一年所開的里程去計算保費。

那時候我才二十六歲，也才上班不久，就收到這封e-mail。天啊，已經有同學開第一槍了，然後我開始有壓迫感。過了半年，又有第二個同學跳出來要做網路dating（紅娘）的創業，他是我們班長。這就像收到紅色炸彈一樣，當你收到第一封，你會笑一笑，怎麼會有人這麼早結婚，一定是意外或什麼之類的；等收到第二封、第三封時，好像就代表「真的開始了」。畢業一年之內，我就有三個同學開始創業了。然後，不幸的，這三個同學的創業都在半年、一年內就結束了。走得比較遠的是那位班長，印象中，他有拿到VC（創投）的種子投資（Seed round），但最後還是沒能做下去。雖然他的創業點子沒有成功，但是他被VC挖角了。我要離開舊金山時，還跟他吃過一次飯，那時他已經在創投工作了。

這件事的重點是，雖然我滿意當時自己的狀況——我在跨國大企業工作，我二十六歲已經在美國公司當經理人；但是陸續收到三封e-mail後，我是既有壓迫感，又很羨慕的，因為內心由衷地知道我只是在「演」一個商界人士，而這些人是跳下去「當真的」商界人士。他們是玩真的，而我沒有真正打仗的感覺。這些人是真的上戰場，也許最後戰死了，卻是值得尊敬的。

我內心有極大的負疚感或不確定感，因為在食物鏈中，你要做的是證明自己的能力，在世界的歷史上打一個凹洞，幾乎不會是替別人工作，替別人上班、領薪水，萬一被解雇就換一個工作。我們在哈佛念書時到畢業之後都會有這種氛圍，明白既然我們很幸運，拿到了很多資源，學校也整天對我們洗腦要改變這個世界，要有正面積極的影響力。然而，位於食物鏈真正最高點的是，敢跳下去創業的人、敢反抗自己命運的人。

第二條路，可能是去高盛、去麥肯錫、去Apple……等大企業做到高階主管，也非常棒。但是，我們每個人內心終究都承認，那是好聽的說法，難聽一點就是做傭兵；我們是專業經理人，拿別人的錢幫別人賺更多錢，就是傭兵。我在跟班長同學吃飯的時候，我很震撼、很羨慕，因為他拿到了種子投資，居然有投資人願意把錢給你去創業。這代表他不是神經病，代表終於有同學已經成熟到矽谷有人願意拿錢去驗證他的想法，這是多大的一種認可。當時我想，這離我好遠好遠，我距離那一步還早。

但反過來說，創業代表沒有底薪，沒有紅利，沒有保險，一切歸零。我同學在創業時是開最爛的車，沒有薪水，開始花光他的積蓄，過著最寒酸的日子；大家聚餐時，他也會開玩笑說，「我這個禮拜的生活費只有一百塊美金，要省吃儉用」、「睡在別人的沙發上好丟臉，我都哈佛畢業了，現在還睡在別人的沙發上」之類的話。創業是一體的兩面，真正在做這件事的人，會穿著夾腳拖、短褲，從互聯網走出來跟你開玩笑，跟你說這樣的話。而在企業工作的人則穿得光鮮亮麗。微妙的是，穿西裝戴昂貴手錶的人，內心其實很自卑。因為我知道，其實你才是真正有勇氣的那個人。我永遠忘不了那種感覺。

時間往前三年。一轉眼，我經歷了美國、上海的時光，開始創業了。我創業，接著外國投資人、矽谷投資人、亞洲國際投資陸續進來了。當這些真的開始運作的時候，我遇到昔日的同學，他現在已經是某個投資銀行的partner（合夥人），他穿著高級西裝，戴著勞力士手錶，一身亮麗行頭，他跟我說，「我也想創業。」那種感覺真的很奇妙。

離開小鎮，我搭飛機去巴黎的時候，我知道我之前的焦慮是多餘了。我很享受那兩天的時光，但如果延長到五、六天又太長了。就像家族聚會，二天是最美妙的。三、五年聚一次，會留下美好的回憶，你知道同學都沒事，大家都OK，敘敘舊，然後等到下一次的聚會，也許明年還有同學的婚禮，大家又要分別飛往新加坡之類的那種感覺。

離開的時候，我有一種充了電的感覺。有人會問，這場婚禮跟我念哈佛商學院有什麼關係？簡單來說，一、到目前為止，它是少數幾個給我歸屬感的場景。二、勇敢去追求一件事情是很棒的，是一個你不用故意謙虛或是你要假裝你不是誰的事。有夢想就去做，失敗了，沒有人會笑你，因為大家都知道你勇敢做過了。即使我們是競爭者，見面時也要握手、擁抱，不管你來自哪個國家，都會相互尊重。

哈佛給了我嘗試的勇氣，給我一群也用同樣眼光來看世界的人，讓我的視野變得很開闊。你不再用國家或是種族認同，或是誰愛不愛台灣、誰是不是亞洲人看世界，不再有政治立場的差異、膚色不同和貧富差距。這些同學也沒有誰是富二代，不管來自哪個國家和哪種家世背景，**有什麼夢想就去試**。那個歸屬感是很棒的，這種歸屬感是一種很解放的感覺。你充好電了，你飛回家，再去創業吧。

就是那樣的感覺。

分享與傳承

回想在三麗鷗上班那三年半，雖然有很多壓迫感，甚至到現在，我創業了，承受的壓力都還沒有在哈佛念書那時高。我覺得進入哈佛最大的收穫是，當時學校已經把我操到死，相較之下，畢業之後上班的壓力都是可以忍受的。不管是我二十六、七歲在美國工作時，老闆會二十四小時call人的壓力；還是二十八歲去上海時，要負責跨國公司在大中國地區的營運與決策；雖然有回家半夜想要嘔吐、心悸、看醫生等等的狀況，但是哈佛的訓練讓我面對極度壓迫的抗壓性是夠的。它讓我在辦公室不發脾氣、不要失控、遇到事情也能冷靜以對。哈佛那種高壓的學習環境，確實讓我有充足的經驗和能力可以適應外面的社會，甚至超過社會的要求。而且我是被外派去上海的，在上海有上千個哈佛校友。在美國國內，如洛杉磯就有更多哈佛校友，定期舉辦聚會、哈佛校友會之類的活動。所以哈佛確實提供了充分的外援與人脈。

我搬回台灣這三年半，發生了一些很妙的事。因為台灣去哈佛念ＭＢＡ的校友，歷年加總頂多七、八十個，其中有一半以上不在台灣。所以在台灣的哈佛校友會，會出現的那些固定臉孔才二十幾個，久而久之每個人都認識了。因為我是這群台灣哈佛校友裡年紀比較小的，所以幾乎每次校友會辦活動，我一定會被找去，因為他們想要有年輕的新人。一開始，我還覺得新鮮奇妙，久而久之，因為各式各樣的活動我都要去，他們說我不去就少一個年輕的溝通世代。這也是好玩的一部分。

到了第二、第三年，一般大眾（非哈佛校友會的人）陸續知道我搬回台灣，或知道我住在台北，然後又知道我在創業了，開始出現兩個現象：第一、每一年申請上哈佛的人，九月要飛去波士頓開學之前，會跑來找我，問有哪些需要先了解的事，像是經驗傳承之類的。時間飛逝，還記得我才二十六歲正要畢業，是我要來台灣找校友的；轉眼八年了，我已經變成三十六歲的年輕人要諮詢的校友，彼此只是打個招呼。兩年前，他跟你打招呼；兩年後，他哈佛畢業了，要去香港，又寫信來，問你在香港有沒有認識什麼人。這些都OK，在哈佛校友之間，這是非常正常的事情，是簡單的。

近一、二年，更妙的是會有外國人來台灣尋找哈佛校友。我遇到過兩種情況，一種是，他申請上哈佛了，想提早辭掉工作，來台灣當實習生見習，就去搜尋哈佛的人脈。前面說過我是少數年輕的哈佛校友，他不太敢去找年長的校友，Google一下我的資料和公司，接著寫信來問我是否可以讓他來實習。轉眼間，我變成我的Polo老闆那樣的角色了，這不就是我前面文字中提到我要去Polo時的那種感覺嗎？當年二十五歲的我遇到了那時三十八歲的Polo老闆。八年後，完全一樣的情境，從一、二年前就發生在我身上了。

暑假尤其常會發生這種情況。有完全不認識的美國人寫信來問，他下下個月才開學，有一週的時間，他想要來台北繞一下，是否可以來我的公司實習兩天？我說OK。

他就來了，然後我們互相介紹，聊聊天，再一起去吃個飯，他就回去了。之後我們可能再也不會見面了。

另外，今年四月，有個叫Alex的英國人，突然寫信來給我，說他在台灣的哈佛校友會名單中找到我，想請問今年暑假我們公司會不會有實習的機會。我跟他skype了兩次，簡單了解過他的背景，他今年二十七、八歲，從小在英國長大，通識課程開始學中文的，會講流利的中文。他一直都從事銀行業，在花旗、高盛待過，是很厲害的銀行家。在申請哈佛的前半年，他剛好來台灣聯電創投上過半年班。他說他很喜歡在台灣的那六個月，MBA畢業後的目標就是要來台灣工作。他跟我skype了三次，對台灣的薪資、各方面的問題都清楚之後，他還是願意來。在他碩一升碩二時，已經有高盛銀行紐約分行的Offer要讓他去實習。他想濃縮實習時間，然後八月飛來台北上班，到九月開學為止。因為我們明年本來就有規劃要聘用一位財務長，在台灣很難找到一個有金融背景又國際化的人，來做新媒體的募資或IPO（股票首次公開上市）。我本來就在煩惱這件事情，結果他自動出現了。而且他願意濃縮在高盛銀行的實習，到台灣來試看看我們共事得是否愉快；我也可以到時候再決定是否聘用這個人。就跟我的三麗鷗經驗完全一樣，不是嗎？我當初在Polo也是如此，兩個月結束之後，我就去三麗鷗一個月，他就變成我後來的老闆。

從我的角度，我當然會銘記在心，當年我那些校友對我的無償支持，所以如果有哈佛學弟妹要來實習，只要雙方沒有任何不方便，都沒有問題。

還有一個是美國人，我也完全不認識他。他來台灣玩三天，第一天我介紹了幾個ABC朋友跟他一起吃飯。隔天又帶著他和我太太一家人一起吃飯、看電影，之後送他去搭捷運、道別。我岳父母還問我，你跟他很熟嗎？我回答，不認識，從來沒見過；而且我們這輩子可能再也不會見面了。

這就是哈佛校友之間很微妙的感覺，就是回到法國小鎮教堂的那種感覺，我們可能五年才見一次面，也可能這輩子再也不會見面，但是我知道你在想什麼，因為那時候我也曾想過——我知道你在進入哈佛之前會有那種幻想，你加入一個大家庭了。當年我還沒進哈佛之前，我的學長們也讓我有這種感覺：「喔，你進來了，你是校友了，不管你來自什麼國家，不管你幾歲，不管你的背景，歡迎。」我跟那個美國校友碰面三次，雖然我那時候創業窮得要死，但吃飯全是我出的錢。但是，它就是一種傳承（pass it on）的精神。

上個月，我們公司《華盛頓郵報》的投資人，在紐約布魯克林舉辦第一次的三十個子公司見面會，也可以說是投資標的見面會。四年來，他們在世界各地投資了三十個不同的新媒體，有菲律賓、印尼、台灣、歐洲、中東、印度……等等。三天兩夜的小型見面會，讓世界各地的大家分享交流、互相認識。在我被派去上海，離開美國之後，五年多來不曾回過紐約。我要回紐約前夕，心情有好奇、有懷舊。

下了飛機，我走在紐約，故地重遊，刻意搭地鐵、走路，走去華爾街、中央公園、去我曾經熟悉的地方。我想起我應該寫信給我的Polo老闆，因為離開實習後，我只偶爾會用e-mail禮貌性與他聯絡，但是沒有見過面。出發到紐約前兩個禮拜，我就e-mail給他，我們約在我下榻飯店對面的披薩店。到紐約的第二天中午，我在披薩店等他。七年多不見，他已經四十五歲了。我在吧台等著他走過來，我們擁抱招呼，邊吃飯邊敘舊，也聊聊彼此現況。透過網路媒體，見面之前，我們大致知道彼此的近況，他知道我的新媒體，我也知道他轉行做食品的新媒體，擔任市場部經理。他工作的公司叫做Star Chefs，專門在做食物的網站，分享廚師、器具等等資訊，是給專業廚師看的一個新媒體。

我們倆聊到後面，都在講新媒體。我就跟他解釋為什麼我會來紐約、華盛頓郵報的投資等等，還有第二天輪到我上台演講。他一聽，就說他的辦公室剛好在我開會地點的對街，明天也會去聽我演講。

飯後我們去搭地鐵，要道別的時候二人還在地鐵拍了張合照，給我的父母與老婆看。因為我不知道他明天會不會來，我一直沒有講，我整個事業的開始是跟他有關的，因為我是靠著在Polo的實習經驗才漂白了我的履歷，否則我的履歷是一片空白，因為我在美國沒有工作經驗，在哈佛同學裡是少數沒有工作經驗的人。當初我的日本老闆會對我很好奇，純粹是因為在美國最不景氣的時候，怎麼會有個國際學生能找到一個在紐約的實習機會；因為這樣我才會被三麗鷗聘用。當初要不是因為這個校友在完全不認識我的情況下，很好意地對我說，「你就來我這裡上班，我給你一個實習的機會。」我根本不會有之後的這一切。

我要上地鐵的時候跟他說，「我一直很感謝這一切開始，你當初這麼好心。」他說，「每一個人在事業初起步的時候，都會有個人來幫助他，你就傳承下去，我會非常高興。這八年來，很高興看到你的成長。我明天會過去的。」

隔天中午我演講的時候，看到他就坐在台下。結束時，我說：「你應該認識這些人，因為我們都在同一行。」那個下午，我帶他認識《華盛頓郵報》的人，並一一介紹給他；後來我把那天開會的名單也e-mail給他。送他離開時，我們握手，相視微笑，心頭有種微妙的感覺。

八年後，我回饋了他的那種感覺。

然後又回到哈佛人生，隔天又各自飛走了。下一次見面或許又是八年後了？

貫穿這一切的故事，都有同樣的主軸。每一次發生這種事，你的心胸會寬闊很多，知道很多事沒有必要去計較。假如對彼此的人生沒有造成任何困擾，現在我的實習生或是陌生人，需要幫忙或實習，或者一個陌生的任何人寫信給我，說他對未來很茫然，不知道要申請什麼學校，不知道未來要做什麼，我永遠都會回信。萬一他的問題範圍太大，雖然我大可敷衍地叫他去Google就結束了，但舉凡我無法在e-mail或臉書回答的，我就會告訴他說，你的問題範圍太廣了，給我你的手機號碼，我明天打給你；不論我在美國或上海，都還是會打回台北。我已經畢業七、八年了，直到現在我都還是這樣做。

哈佛商學院教給我什麼？就是：沒有什麼大不了的，沒有什麼會要了你的命或嚴重到要自殺。所以，就傳承下去（pass it on），你嘗試你的，我嘗試我的，假設中間我能對你有所幫助，是很美好的事，我並沒有預期回報。但要是哪一天有了回報，那也很棒。沒有回報的話，就持續傳承給下一個人。

Pass it on.

附錄：申請企業管理碩士經驗談

根據我的經驗，申請**企業管理碩士（以下簡稱ＭＢＡ）**該考慮的事項和步驟如下：

一、**確定頂尖商學院的ＭＢＡ或光是ＭＢＡ也行，都是你生命中百分之百想要擁有的。**想一想，這個ＭＢＡ會怎樣吻合你的生涯規劃，怎樣成為你理想事業的墊腳石，你又如何非得擁有這個學校、這個ＭＢＡ來達到人生的夢想不可。如果經過仔細的考量後，你依然確定ＭＢＡ學位是你所要的，那就盡一切努力去追求。申請時，我曾經從其他申請者那邊聽到了許多的：「今年就試著申請看看我能不能進入……」千萬不要那樣想，你真的認為任何只用百分之八十力氣的人，進得了前二十名的ＭＢＡ學校嗎？不要浪費時間或力氣了。只有在準備好、百分之百確定時才提出申請。而**一旦百分之百的確定，就使出百分之一百一十的努力，不要回頭。**

二、**預留大量的時間，提早計畫。**我在大三那年年底就決定要拿一個ＭＢＡ學位，接下來便有二、三年時間可以做系統性計畫，幾乎推演到每一個細節。提早考我的GMAT和托福（TOEFL），找合適的夏日實習工作，拜託適當的推薦人……等等，於是到準備要提出申請時，每片拼圖都已經到位，我只要開始真正動手寫essays就好。愈早知道自己要什麼，就有愈多的準備時間，也會愈早達到目標。

三、**為寫essays預留大量時間**。我碰過太多的朋友天真的以為兩個月應該就夠寫essays和申請幾所學校。為了確保我essays中每個字都寫得完美，平均而言，光是寫完一間學校的essays就花掉我一個月的時間，而我過去是英文記者及作者，寫文章對我來說真的很快，但我還是要確認一切都很完美。來年申請者的申論題通常在七月份左右就會公布，第一輪的申請截止日期則通常落在一月份。**提早開始**，不要天真的以為你可以在九月開始研究學校資料，十一月正式寫essays。那麼履歷呢？正式申請的文書作業呢？當我完成我的哈佛商學院申請文書作業時，已經長達二十七頁，而那還只是填空而已。你的背景、你的家庭、你到什麼地方旅遊過……等等，他們什麼都問，光是填哈佛商學院申請的文書作業就去掉我整整三天。要為一切預留時間，不要低估了過程。再說一遍，只用百分之八十的力氣，絕對進不了你的理想學校，在準備好之前連試都不用試。一旦準備好了，就不要留下任何遺憾，要將它做到完美。

四、**這是個大拼圖**。哈佛商學院說明會上最常聽到的其中一個問題是：對於準備essays、推薦函和履歷，我有什麼想法？寫的時候我應該抱持什麼樣的心態？答案很簡單：它們應該全都拼得起來，可以拼出申請者，也就是你，這片大拼圖。以下大概是會考慮的步驟：

1. 花幾週的時間去蒐集想要申請的學校的資料，了解他們主要的專長是什麼，這些課程有名之處在哪裡？最重要的是，弄清楚每一所學校的獨特性、它們與眾不同的是什麼地方，上學校的網站、部落格去看，並參加校友說明會。

2. 從履歷開始著手，花幾天把你之前所有的成績和經驗列表，重新組織放進一頁裡。這個過程會強迫你回憶，想起所經歷的一切，哪些是最重要的，還有你從中學到什麼教訓，造就了你今日的模樣，把你的感覺記下來，這些情緒會是接下來你放進你essays中的啟發和真實的情感，藉著把所有資料擠進一頁的履歷，你會被迫決定哪個經驗對你來說比較重要，還有你essays中說的哪個故事可以告訴他們你的為人，以及你為何顯得特殊。

3. 開始正式寫essays。回覆被問的問題，但最重要的是，擷取自你的履歷，現在你應該已經很清楚是哪些故事與經驗讓你顯得獨一無二，這就像單純的行銷廣告：一則廣告有三十秒來說服你買他們的產品，一定要說服身為消費者的你在數百種流通的類似產品中，就是要購買那個特定品牌。申請者的立場一模一樣：在一篇五百字的essay中，你必須告訴學校為什麼你的故事對你而言是重要的，還有最重要的是，對學校是重要的。說服力一定要強到在幾千名入學申請者中，學校一定要接受你，並拒絕其他所有人。你的故事必須是你自己的，必須特殊、必須解釋得很清楚也必須包裝得正確，那樣你才是獨一無二的，在限定五百字的essay內，每一個字都是你的子彈，它們必須全部命中標靶，一個字都不浪費。

4. 每篇essay之間都應該彼此補強，學校一開始會先看履歷文件，他們馬上就會注意到哪些經驗很有趣，或任何你可能缺乏的經驗和技巧，如果你的履歷缺少實際的企業領導經驗，別忘了描寫在學校或社團活動裡的一些領導故事。如果你有某份工作是被辭退的，在essays中一定要解釋這件事，並以你從那次經驗當中學到的經驗來做為結論，強調自己因而變得更成熟，更能與人團隊合作。如果一間學校要五篇essays，理想上，每一篇都應該針對你生命故事的不同部分來加以說明。如果你的履歷上已經有許多團隊工作的經驗，那就不要把五篇essays全部浪費來形容同樣的合作才能，而是要形容其他事情，讓你的影像更加完整。在學校看完你的essays後，理想的狀況是他們應該可以鮮活地想像出你是怎樣的一個人。

5. 想像學校在看完你的履歷後，會根據你的強項和弱點來思考什麼，試著在你的essays裡跟他們說明。快要完成所有的essays時，退一步，把它們重讀過一遍。現在是開始思考推薦函的時候了，你也該把每封推薦函都當成軍械庫中有限的子彈，不要浪費它們。想想到目前為止，你的essays和履歷還少了些什麼，或者有什麼改變生命的故事是你必須告訴學校，但到目前卻還找不到空間或正確方式來放進essays或履歷中的。接著，跟你的推薦人談一談，不要偷懶只拜託推薦人寫，然後就撒手不管。約好時間坐下來好好討論至今的進度是你的責任，推薦人愈了解你的背景，你為什麼要申請某一所學校，還有到目前為止你寫了些什麼，你愈有機會讓他幫你寫**詳細**的推薦函。強調你的essays和履歷中已經形容過的長處，同時減少學校可能對你的弱點或缺少經驗所產生的關切。記得，推薦函理想上是要補強你的essays中所缺乏的部分，只是隨便請個上司或教授泛泛的寫你有多努力或多麼聰明完全沒有用。再一次，**請以邏輯性來思考**：既然都已經答應幫你寫推薦函了，他當然會說你既努力又聰明，但每一個申請者都會說他們努力又聰明，重點在於你**怎樣**努力和**如何**聰明法？給我例子，告訴我你的故事，還有對推薦人而言，這些為什麼特殊，以及最重要的，為什麼對學校而言是重要的。

6. 之後，按下「上傳」鍵，為大約兩個月後的面試做準備，再度搜尋資料。到哈佛商學院通知我面試時，我已經做足了對學校和課程的研究，幾乎背下學校整個地圖、背下了每棟建築物的所在地、每年的預算多少，以及我最感興趣的教授們的主要研究重點何在。就像在參加工作面試，你對公司認識愈多，你愈不會緊張，愈可以提出比較聰明、對那所學校也愈詳盡的答案，再度讓你成為愈獨特的申請者。在每場面試最後，他們總是會問你：有什麼問題要問我的嗎？你一定**永遠**都要有問題問學校，如果沒有問題，那顯得你對這所學校並沒有那麼感興趣或充滿熱情，所以它可能是你鐵定進得去的學校，學校不會想收只是視他們為一定進得去的學校的學生。還有，別問可以在網站上找到答案的一般問題，現在是根據你之前所有研究，提出聰明和細節問題的機會。

7. 最後，不要犯**任何**粗心之錯。之前為工作面試新人，以及每回跟不同學校的

ＭＢＡ及教職員交談時，我總會發現一個類似的不成文規定，如果學校教職員第一次看你的履歷，或者第一篇essay，結果五分鐘不到就發現到三個或者三個以上的錯誤，不管是拼字或文法上的，那麼你的故事有多棒就不怎麼重要了，你一定被判出局。邏輯很簡單，為什麼哈佛商學院的申請資料要二十七頁？幾乎前十名的ＭＢＡ課程至少都要二十頁。為什麼要寫上五到七篇的essays和幾千字？所有這些都是為了要嚇走那些對申請不認真，那些只想要「今年就試著申請看看我能不能進入……」的人，如我先前所說的，看到光是申請就要讓你寫二十七頁的文件，同時耗費好幾個月的準備時間，通常就會嚇走那些並沒有真正準備好的人，而那是件好事。在我完成所有的申請工作，就要按下我哈佛商學院申請資料的上傳鍵時，我把二十七頁全部列印出來，然後拿一枝鉛筆，最後一次逐行逐字檢查過每一篇essay、每一個空白、每一個句子和每一個字，在此之前我已經請了其他三個英語為母語的人或教授幫我檢查過，但我還是發現許多小的拼字和空格錯誤。此外，請記得，只要可以，永遠要找個母語是英文的人來幫你仔細檢查所有資料。

再說一次，邏輯很簡單。或許你的經驗很棒，到目前為止你的essays也很棒，但我跟你保證，其他一萬個申請者，也就是你的競爭者也都很棒。如果你犯了五個粗心的錯誤，而他們沒有，你想誰會被拒絕？如果學校不能放心你會對**自己的**企業管理碩士申請資料能百分之百細心，能小心檢查你自己僅僅二十七頁的故事，那麼一旦你進入現實世界，對於你可以領導公司、創立事業，校對好幾百頁之長的商業報告書並提出策略，學校怎麼可能有信心？

五、**最後也最重要的原則是：不要留下任何遺憾**。直到最後，都要盡你所能蒐集學校的資料、寫出好的essays、用最棒的方式推銷自己，並自信十足的接受面試。之後就好整以暇地等待，因為現在一切都取決於命運。就像我說的，沒有人知道他們是否會進入哈佛商學院或華頓或麻省理工學院的史隆或者任何研究所，沒有人真的知道。但請在過程中的每一步都傾盡全力，這樣當你收到等待結果時，才不會有任何遺憾。

直到我把定案的ＭＢＡ申請資料上傳，完成我的ＭＢＡ申請過程時，總共花了我八個月的時間，實在是筋疲力盡。我不知道幾個禮拜之後會發生什麼事，是會得到任何入學許可，或者被每一間學校拒絕而必須開始找工作。但那晚當我關掉電腦時，我完全不在乎，我已經盡了全力，沒有留下任何遺憾，而且終於完成了。那一刻是我生命當中最解放的時刻之一。

終究對你自己而言，那才是真正要緊的。

國家圖書館出版品預行編目資料

哈佛商學院教我的成功關鍵：世界頂尖商學院的學習經驗／鍾子偉（Joey Chung）著. -- 初版. 台北市：商周出版：家庭傳媒城邦分公司發行, 2010.01

面； 公分. ——（ViewPoint；33）

附錄：面

ISBN 978-986-6369-99-5（平裝）

1. 學習心理 2. 態度

521.13 98022799

ViewPoint 33X

哈佛商學院教我的成功關鍵—
世界頂尖商學院的學習經驗（增修版）

作　　者／鍾子偉（Joey Chung）
文字整理／胡洲賢
企畫選書／黃靖卉
責任編輯／彭子宸

版　　權／翁靜如、吳亭儀、黃淑敏
行銷業務／張媖茜、黃崇華
總 編 輯／黃靖卉
總 經 理／彭之琬
發 行 人／何飛鵬
法律顧問／元禾法律事務所王子文律師
出　　版／商周出版
台北市104民生東路二段141號9樓
電話：(02) 25007008　傳真：(02)25007759
E-mail：bwp.service@cite.com.tw
發　　行／英屬蓋曼群島商家庭傳媒股份有限公司城邦分公司
台北市中山區民生東路二段141號2樓
書虫客服服務專線：02-25007718；25007719
服務時間：週一至週五上午09:30-12:00；下午13:30-17:00
24小時傳真專線：02-25001990；25001991
劃撥帳號：19863813；戶名：書虫股份有限公司
讀者服務信箱：service@readingclub.com.tw
城邦讀書花園：www.cite.com.tw
香港發行所／城邦（香港）出版集團
香港灣仔駱克道 193 號東超商業中心 1F　E-mail : hkcite@biznetvigator.com
電話：(852) 25086231　傳真：(852) 25789337
馬新發行所／城邦（馬新）出版集團【Cite (M) Sdn Bhd】
41, Jalan Radin Anum, Bandar Baru Sri Petaling,
57000 Kuala Lumpur, Malaysia.
電話：(603) 90578822　傳真：(603) 90576622
Email: cite@cite.com.my

封面設計／王俐淳
版型設計／洪菁穗
印　　刷／前進彩藝有限公司
經 銷 商／聯合發行股份有限公司 電話：(02) 29178022　傳真：(02) 29156275

■2010年1月12日 初版一刷
■2017年9月05日 二版一刷

ISBN 978-986-6369-99-5
定價300元

Printed in Taiwan

城邦讀書花園
www.cite.com.tw